藏在
张居正残卷
中的成事密码

〔明〕张居正 著　　吴婉绚 编译

东华大学出版社
·上海·

图书在版编目（CIP）数据

藏在张居正残卷中的成事密码 /（明）张居正著；
吴婉绚编译 . —— 上海：东华大学出版社，2025.7.
ISBN 978-7-5669-2559-6

Ⅰ.C934

中国国家版本馆 CIP 数据核字第 2025CN3778 号

藏在张居正残卷中的成事密码
CANG ZAI ZHANGJUZHENG CANJUAN ZHONG DE CHENGSHI MIMA

著　　者　〔明〕张居正
编　　译　吴婉绚
责 任 编 辑　曹　静
封 面 设 计　曾国铭
出 版 发 行　东华大学出版社（上海市延安西路1882号　邮政编码：200051）
营 销 中 心　021-62193056　62373056
本 社 网 址　http://dhupress.dhu.edu.cn/
印　　刷　上海颛辉印刷厂有限公司
开　　本　890mm×1240mm　1/32
印　　张　8
字　　数　180千字
版　　次　2025年7月第1版
印　　次　2025年7月第1次印刷
书　　号　ISBN 978-7-5669-2559-6
定　　价　58.00元

·版权所有　侵权必究·

前言

古语说："读史可以明智"，又说"以史为鉴，可以知兴替"。幼时不觉，待到成年后，历经一番摸爬滚打，才惊觉史书中的点点墨迹与眼前生活竟有着惊人的相似，这大抵就是教育的滞后性。

笔者曾无数次感动于独属于中华民族的情义，也曾无数次讶异于古老的中华智慧，于是渐渐萌发将现代理论与历史、古籍联系起来，用于指导现实生活的想法。2019年年底，笔者在自媒体平台创作了《当历史遇上管理学》系列文章，前后六篇，承蒙平台、读者厚爱，收获不少鼓励与支持；欣喜之余，又想着再进一步写写古籍上的思想和观点，本书便脱胎于此。

本书所选典籍为一代名相张居正所著的《权谋残卷》，原书共计十三卷，涉及人才擢选、军事韬略、政治博弈等多个方面。通过文本梳理与选择，笔者将原典系统解构为十二部分，若干个主题。每个主题均包括《权谋残卷》的原文与今译、史籍上的经典案例与解析，以及结合现代理论的实操锦囊，旨在突破时代局限性，将古代智慧转化为可复制的现代生存技能。

特别需要说明的是，本书绝非简单机械嫁接。在撰写过程中，笔者始终秉持强关联性、高可读性、易操作性的"三性"原则，力求做到图文并茂、深入浅出。限于学力，本书难免会有不足之处，万望专家和读者赐教。

最后想与读者分享钱穆先生的箴言："所谓对其本国已往历史略有所知者，尤必附随一种对其本国已往历史之温情与敬意。"不管如何，当我们以现代理论体系为刃去剖解历史时，都不可失却温情与敬意。

吴婉绚

2025 年 2 月

广州

第一 智察卷
——生活会惩罚每个不善解码的人

未来通常早有预兆	/ 003
见微者方能知著	/ 007
识人从观察开始	/ 011
识人不明等于毁团队	/ 014

第二 筹谋卷
——事情不可能一蹴而就，准备越充分，底气越足

面对冲突应该怎么办	/ 021
眼望前方脚踏实地	/ 025
事前准备要做好	/ 029
及时出手才能赢	/ 032
人性也可以是武器	/ 035
高端较量比的是信息差	/ 039
别被蝇头小利迷住双眼	/ 043

第三 用人卷
——领导者真正的痛点不在事,而在人

赏罚分明是驭下基础 / 049

宽以待人可得人心 / 053

不公平是用人大忌 / 057

让下属信服才是好领导 / 061

因人而制方尽其用 / 065

第四 事上卷
——学会和领导相处抵得过千辛万苦

工作中犯了错怎么办 / 071

不要漠视领导权威 / 074

上下一心方可成就大事 / 077

真诚永远是必杀技 / 080

第五 避祸卷
——聪明的人不会选择"硬刚"

高人都懂得示弱 / 085

人心不可窥探	/ 088
治病养病不如防病	/ 092
藏拙的智慧	/ 095
看得远才能走得远	/ 098
聪明人把命运握在自己手里	/ 101
君子不立于危墙之下	/ 105

第六 度势卷
——时势与英雄向来都是相辅相成的关系

顺势而为事半功倍	/ 111
无势时不妨做造势者	/ 115
审时度势后重在决策	/ 118
勇气与智慧缺一不可	/ 122
立好威才能带好队	/ 126

第七 攻心卷
——每个人都有人性的弱点

| 兵不血刃的心理战 | / 133 |
| 学会打好"感情牌" | / 136 |

治人更需要攻心　　　　　　　　　／140

攻心之术没有定法　　　　　　　　／144

懂换位思考才能拉拢人心　　　　　／148

第八　权奇卷
——出奇制胜往往是因为抓住了事情的本质

谨慎才能驶得万年船　　　　　　　／153

拒绝未必要说"不"　　　　　　　／156

人在松懈时最脆弱　　　　　　　　／159

直击根本才能攻克问题　　　　　　／163

掌握说服的精髓　　　　　　　　　／167

第九　谬数卷
——"人设"也可以是你的设定，而不是别人给你的设定

揭穿他人不如将计就计　　　　　　／173

有间隙就有可乘之机　　　　　　　／177

适当自我暴露也是一种策略　　　　／180

善用别人的"嘴"　　　　　　　　／184

第十　机变卷
——唯有努力奔跑才能跟上时代变化

用变化的眼光看世界	/ 189
变通之中求发展	/ 192
不小瞧任何一点嫌隙	/ 195
处变不惊乃大将之风	/ 198
利害关系是最可靠的纽带	/ 202

第十一　讽谏卷
——毒舌式"为你好"更可能伤害彼此感情

忠言未必要逆耳	/ 207
聪明的阻止不是直接反对	/ 210
提建议也要有艺术	/ 214
真正的好是帮对方看清自己	/ 218

第十二　中伤卷
——有时候，唾沫足以淹死一个人

一句谗言可抵千军万马	/ 223
千防难防捧杀局	/ 226
小心被谗言蒙蔽	/ 229
进谗是把双刃剑	/ 232

附录　《权谋残卷》原文

第一 智察卷

——生活会惩罚每个不善解码的人

为什么有人能从无序信息里剥离出问题关键?
为什么有人能在细微变化中预判风险?
怎样才能做到知人、知面且知心?

危险的信号往往不是藏在显微镜下,
而是藏在最显眼却最容易被忽略的平常之处。

未来通常早有预兆

原文

月晕而风,础润而雨,人事虽殊,其理一也。

译文

当月亮被光晕笼罩则意味着将会起风,当柱子的基石出现湿意往往代表着即将有雨。人世间的事情虽有差异,但其中蕴含的道理却大体相同。

古事记

醴酒不设

汉高祖的弟弟刘交年轻时曾与鲁人穆生、白生、申公等人交好。后来刘交受封楚王,便任命穆生、白生、申公等人为中大夫,对他们的态度十分恭敬。因穆生不喜欢喝酒,楚王每次设宴时都会为穆生另外准备甜米酒。

时光飞逝,等到刘交之孙刘戊成为新一任楚王时,情况也悄悄发生了变化。起初刘戊在设宴时还会为穆生设甜米酒,但不多时他便把此事抛于脑后。

见此情景，穆生对家人说道："如今的楚王已不再为我设甜米酒，这证明他已经不看重我了，看来我是时候隐退了，否则将来恐怕会落得被官兵抓住，当众腰斩的下场！"于是，穆生便开始称病，不肯外出。

申公和白生对此十分不解："难道你忘了我们与先王的情谊了吗？如今楚王只是偶尔忘了设甜米酒罢了，你又何必计较那么多呢？"

穆生回答："《周易》上说过'知几是神人'，说的是，事物的任何细微变化都是凶吉的预兆。当我们看到'几'时，就应该采取相应措施，绝不能优柔寡断。先王对我们以礼相待，是因为他心怀道义；而新楚王不重视我们，是因为他忘却了道义。侍奉在没有道义的君主左右，实在危险，所以我才选择离去。"说完，穆生继续称病不出，而申公和白生却不以为然，依旧辅佐新任楚王。

果不其然，这位新任楚王变得日渐骄横跋扈，后因在薄太后离世丧期内饮酒作乐而遭贬谪，丢了东海、薛郡。可纵然如此，他仍不知悔改，反倒萌生了反意，与吴王刘濞勾结在一起，试图兴兵反叛。此时，申公与白生向其劝谏，却反被新楚王降罪，二人最终惨遭胥靡之刑。

微鉴评

正如穆生所说，许多事情早在发生前就有了先兆。例如，下雨之前，往往能看见蜻蜓低飞；地震来临前，常常可见动物出现异动。生活中，每个人都会接触到某些先兆事件，可惜的是，并不是所有人都会把它们放在心上。就像穆生，他在发现刘戊不再为他设甜米酒时，就判定刘戊将来势必会背弃道义，于是开始称病隐退，为自己规避了风险。反观申公和白生，他们也把穆生的遭遇看在眼里，可不同于穆生的警觉，他们满心不以为然，还认为是穆生过分纠结礼数，最终给自己招来祸事。

由此可见，人与人之间的差距并不在于是否发现先兆，而在于能否重视先兆。最可怕的也不是无法发现这些预兆，而是即使发现了也不重视，不为之早做筹谋，等到事情发生便只是平添悔恨，而于事无补了。

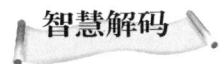

智慧解码

列出风险清单，及时发现风险

如何及时发现风险？

世间诸事纷繁复杂，不少先兆事件放之其间平平无奇，不值一提。这也就是为什么许多人总是难以及时发现先兆，更遑论为之早做筹谋了。因此，我们在做事前，不妨先做好风险识别，列出风险清单，以提前监控可能出现的异常。具体来说，你可以：

◎ **明确事情的目标。** 确保自己对某件事需要达成的目标足够清晰明了。

◎ **明确整件事情中最重要的参与人员。** 在处理一件事情时，尤其是那些需要群策群力的事情，人往往是最大的变量。

◎ **收集相关资料，初步建立风险清单**（表1-1）。包括风险点、风险识别（风险源）、风险评估（可能导致的结果）、风险等级、控制措施、风险类型、责任人等。当一个人难以完成时，不妨采用头脑风暴、专家访谈等形式协助完成风险清单的建立。

表1-1 风险清单

风险点		危险源	可能导致事故	等级	类型	措施	责任人
编号	名称						
1	例子	新任楚王不再设甜米酒	君主失德，伤害忠良，造成国家危机	高危	沟通风险	1.提前隐退 2.避免强谏，减少冲突	穆生

当有了风险清单后，我们只需要花一定时间盯住存在于风险清单的各个环节，就能轻而易举地在纷乱的毛线中找到那根关键的线头。

见微者方能知著

原文

惟善察者能见微知著。不察,何以烛情照奸?察,然后知真伪,辨虚实。夫察而后明,明而断之、伐之,事方可图。察之不明,举之不显。

译文

只有那些善于观察的人才能从细枝末节的小事中发现一些不为人知的真相。如果不深入细致地观察周遭事物,如何能了解事情的真相?通过细致观察可以探知事情的真假,辨别事物的虚实。同时也只有通过细致观察才能洞悉其中奥秘,而后做出决断,如此一来才有取得成功的可能。不能做到明察秋毫,做事就不会有什么成果。

古事记

曹刿论长勺之战

鲁庄公十年春日,齐军大举进攻鲁国。由于在此之前齐军曾多次大挫鲁国,鲁庄公与群臣在面对虎视眈眈的齐军时皆是惊慌无比。就在这危难之际，谋略过人的曹刿自请随军出战，因为他认为当政者们缺乏远见，不能考虑周详。

到了出征当日，鲁庄公与曹刿同乘一辆战车前往长勺。一到战场，心急的鲁庄公便立即命人击鼓，意欲进军。谁知却被曹刿拦了下来，劝其等到齐军击鼓三次后再进攻。

没过多久，齐军败退。鲁庄公又急着要乘胜追击，却不想再次被曹刿拦了下来。只见曹刿先是下了战车，仔细观察齐军留下的车轮印记，再登高远望查看齐军败走的队形，接着才对鲁庄公道："现在可以追击了。"

就这样，鲁国夺下了长勺之战的胜利。鲁庄公十分好奇地向曹刿讨教这次大破齐军的原因。

曹刿回答道："行军作战依赖于军队的气势。第一次击鼓能够大大振奋军队的士气，第二次击鼓则军队士气有所回落，到了第三次击鼓时，军队的士气就已经是强弩之末了。所以我们大可等到齐军三次击鼓后再行进攻，因为那时正是他们士气低迷而我方士气强盛之际。但尽管初战告捷，我们也不能掉以轻心。要知道，我们所面对的敌军是齐国这样的大国，他们狡猾多端，一旦我们轻易追击只怕会遭遇伏兵，所以我仔细观察了一番，看到他们败走后所留下的车轮印记混乱无比，军队大旗也是七零八落，不像故意败走引我们进入圈套，于是才做出追击的决定。"

微鉴评

人们可以轻易地对表象进行伪装来掩盖真相，却很难顾全各个细节，这也就是为什么越是细节之处，越可能是事情的突破之处。曹刿在长勺之战中通过观察分析"击鼓对士气的影响""敌军留下的车轮印""齐军败走的队形"等细节，最终才做出正确的决策，带领鲁国重挫敌军。

所谓"细节决定成败"，如果能够把握住细节，将其作为攻克难关的突破口，那么取得胜利就不在话下。事情的本质往往藏在最容易被忽略的细节中，因此，要时时保持一颗探究之心，只有这样，目光所至才皆有可能成为线索。

智慧解码

遵循逻辑三洽原则，分辨信息真伪

如何分辨信息真伪？

人们之所以常常被表象蒙蔽，是因为缺乏对信息的辨别能力，久而久之就对事情的"真假性"丧失了敏感度。在日常生活中，要想尽量准确地衡量信息的可信度，做到明察"细节"，可以试着遵循思维领域的逻辑三洽原则对其展开评估（图1-1）。

◎ **逻辑是否自洽**。在评估一个论点或论据的可信度时，首先要关注它们之间是否能够形成支持关系，即论点、论据、结论之间能否形成紧密结合的整体。一旦三者中存在矛盾或不统一之处，那么就意味着它的逻辑不自洽，不足以令人信服。

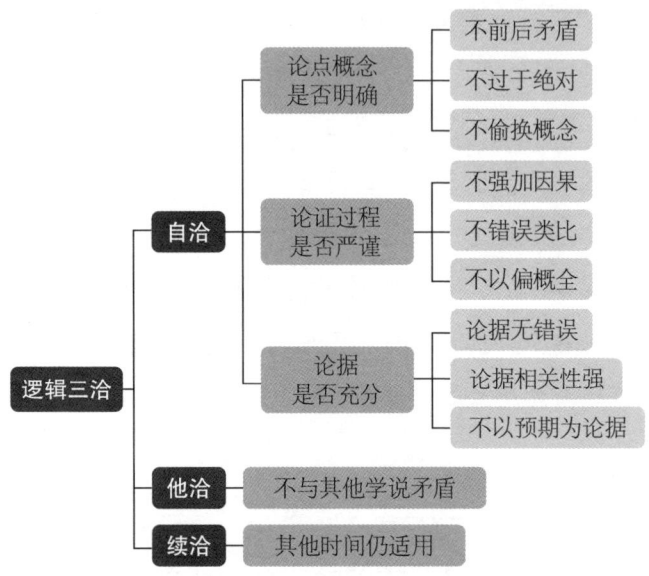

图 1-1 逻辑三洽原则

◎ **逻辑是否他洽**。评估论点或论据的可信度，除了考虑它的内部逻辑是否自洽外，还要考虑它与其他外在的相关知识、经验或观点是否统一。如果两者存在较大矛盾，那么就意味着它的逻辑不他洽，同样也会降低其可信度。

◎ **逻辑是否续洽**。此外，我们还应该考虑论点或论据在时间上的延续性。也就是说，一个足够完善的理论应该足够包容开放，不仅适用于眼前的现实，还能为未来提供指导。

总之，在接收到信息或观察某一现象时，我们应该始终保持一种怀疑的态度，小心考证，谨慎行事，避免盲从盲信。

识人从观察开始

**原文**

听其言而观其行,观其色而究其实。

**译文**

听取别人言论的同时,还要观察对方的行动;留心对方的神色,如此才能了解他的真实想法。

**古事记**

管仲病榻论人

在管仲临终前,齐桓公前去探望,希望管仲能为其推荐一名良臣。管仲并没有直接推荐,而是反问道:"没有人能比国君更了解您自己的臣子,您心里有什么想法呢?"

齐桓公问:"易牙这个人怎么样呢?"管仲摇了摇头说:"一个连自己的亲儿子都狠心残害的人怎么可能真心实意侍奉君主您呢?"原来易牙曾因齐桓公无意提及自己未曾吃过人肉,就狠心将自己的儿子做成肉汤献给齐桓公。

齐桓公听了接着问:"那竖刁呢?"管仲再次摇了摇头答:

"能够狠心自宫的人难保不会狠心地对待您！"原来竖刁先前为了讨好齐桓公，竟然挥刀自宫以示忠诚。

齐桓公继续问："那么卫公子呢？"这个卫公子追随齐桓公十五年，即使在自己父亲离世的时候都未曾离开齐桓公。管仲听了仍旧摇头："一个连自己最为亲近的父母都能如此冷漠对待的人，又能对您有几分真心呢？"

听了管仲的话，齐桓公便驱逐了此三人。可惜管仲死后没多久，齐桓公渐渐放松了警惕，又一次召回三人，并委以重任。最终，果真如管仲所言，三人在齐桓公病重时勾结齐桓公之子，大乱朝纲，发动政变。后来，齐桓公被囚禁在皇宫内活活饿死，连尸身都无人收殓。

微鉴评

由于种种原因，人们时常在人前掩饰自己的真实面目，奸佞之人尤甚。这些人为了获取他人的信任，一味迎合，甚至不惜反人性而为之。譬如易牙烹其子、竖刁挥刀自宫、卫公子舍弃父母等。这些做法看似对齐桓公忠心耿耿，实则有违人性，一经深思就能觉察出他们为达目的誓不罢休背后的心狠手辣。

在人际交往中，不少人都会犯相似的错误。他们习惯于偏信那些看似对自己好的人，却从不考虑人性，心存侥幸地享受别人违背人性的"好"，最终只会如齐桓公一样自取灭亡。判断一个人是否真心时，不要偏听他说了什么，也不要偏信他做了什么，而要摒弃这些表象去探究人心背后的本质。

智慧解码

观察他人眼神变化，做到真正识人

如何观察一个人？

所谓观察一个人，并非强调以貌取人，而是指观察他的言行举止、眼神表情等容易不自觉泄露内心的细节表现。就拿人的双眼来说，眼波流转、眼神变化都是难以控制的，正所谓"眼睛是心灵的窗户"。在《冰鉴》中，曾国藩就为我们列举了几种观察他人眼神变化的方法。

◎ **清澈的眼神**。处于静态时，双目犹如晶莹的明珠，平静却有神；处于动态时，双眸便如春天树木抽芽一般，敏锐犀利。或者在静态时，双目沉静，恍若无人；而在动态下，则眼如利箭，炯炯有神，目标明确。这两种眼神都属于清澈澄明的眼神。

◎ **工于心计的眼神**。安静时，双眼无神，似乎处于半梦半醒的游离状态；一旦他们动起来，则眼如惊鹿一般，惶惶不安。

◎ **奸邪的眼神**。在静态时，眸光如萤火一般闪烁；而动起来时，则双眼似流水一般流转不定。

总的来说，观察人在不同情况下的眼神变化，有助于真正识人。同样的道理，对一个人的考察，不能只看事情的结果，而要从事情的发展切入，观察他在整件事情之中的表现。

识人不明等于毁团队

原文

察者智,不察者迷。明察,进可以全国,退可以保身。君子宜惕然。察不明则奸佞生,奸佞生则贤人去,贤人去则国不举,国不举,必殆,殆则危矣。

译文

能够明察秋毫的人是智者,无法做到"明察"的人会陷入迷茫之中。往前一步来说,"明察"可以保家卫国;退一步来看,"明察"至少能保全自身。君子理应时时保持警惕。一个人如果无法做到明察秋毫,那么他的身边就很容易出现奸佞之人。奸臣当道时,那么有贤才的人就会散去;等到贤能之辈纷纷离开后,这个国家就再难走向昌盛。一个国家不再昌盛,一定会迈向衰败。到那时,国家就陷入了危险之中。

古事记

伯嚭贪而误国

楚国人伯嚭的父亲因被楚国令尹子常陷害而族破人亡,全族上下唯有伯嚭一人侥幸逃过一劫。为躲避这场灭族之难,伯嚭逃到了吴国,投奔有相似遭遇的伍子胥。那时候,伍子胥深受吴王阖闾的信任,他在见到与自己同病相怜的伯嚭后不由得心生怜悯,便决心向阖闾引荐伯嚭。

面见阖闾时,伯嚭先是哭诉自己的悲惨遭遇,而后又坚定地表明愿意为吴国效力的决心。阖闾闻言十分触动。但在场见证这一幕的大夫被离却十分不安,他劝说伍子胥道:"您只看到伯嚭与您同病相怜的表象,却忽略了事情的内在。我看伯嚭这个人阴险狠毒,且贪婪专功。如果吴王留用他,恐怕会埋下祸患,到时一定会拖累您的!"但伍子胥并未将被离的话放在心上,仍然一意孤行地举荐伯嚭。就这样,伯嚭被阖闾留任为吴国大夫。

那时正是春秋末年,天下纷乱,群雄争霸。值此战火纷飞之际,吴越两国之间的仇恨越结越深。鲁定公十四年,吴越爆发大战。吴王阖闾被越王勾践打得节节败退,最终命丧陉地。阖闾死后,夫差继任成为新王,伯嚭也被其升任为太宰。夫差即位之初始终不忘与越国不共戴天的杀父之仇,他日日警醒自己,积极备战,终于在两年后趁时机成熟,令伍子胥与伯嚭挥兵直取越国。在这场战争中,吴军人人愤慨,夫差更是亲临阵前击鼓助阵，一时间吴军军心激昂，势如破竹，越军很快就落了下乘，败走会稽山。

越王勾践见势不好只能派文种入吴意图求和，只是他们的求和因有伍子胥的阻挠而屡屡陷于僵局。就在走投无路之时，文种心生一计，决定从贪婪的伯嚭入手，他对勾践说道："吴王对伍子胥心怀敬畏，但对伯嚭却十分亲近。我们如果能从伯嚭入手，那么求和的事情一定水到渠成。"勾践听了也深以为然，便让文种私下带厚礼前去拜会伯嚭。

不出文种所料，伯嚭见到厚礼立即上钩，并在文种第二次面见吴王时，主动站在越国一方。伍子胥强烈反对议和，而伯嚭却说："我曾听闻，征讨敌国只是为了使他们臣服罢了。如今越国既然已经臣服，我们何必苦苦相逼呢？"夫差本就因打了胜仗而沾沾自喜，听了伯嚭的话更加轻视越国，就同意了越国的求和请求。

有了这次通敌行径，伯嚭已然无法独善其身，只能在叛国之路上越走越远。最终他设计逼死了伍子胥，成为越国灭吴的一大助力。

微鉴评

吴越之争为我们上演了一出从越国战败到一举灭吴的反转剧情，在这出复仇大戏中，世人大多只知"西施以身报国"和"越王卧薪尝胆"的故事，却不知吴国的灭亡还与大奸臣伯嚭有着千丝万缕的联系。正是因为吴王偏听偏信，亲奸臣，远贤臣最终才种下恶果，给了越王卧薪尝胆反扑的机会。

事实上，早在伍子胥向吴王引荐伯嚭之前，就有人提醒伍子胥伯嚭并不可信。只可惜，彼时的伍子胥却因为与伯嚭有着相似的境遇，而心生怜悯与亲近之感，故而识人不明，被伯嚭所蒙蔽。

由此可见，人员筛选环节对团队建设与发展十分重要。如果在这一阶段识人不明，就容易为团队埋下隐患，严重时，甚至可能如吴国一般引来灭顶之灾。

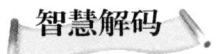

牢记冰山模型，全面评价一个人

如何更全面地评价一个人？

从古至今，人们在识人方面累积了许多智慧和经验。在现代，也有许多科学合理的工具可以帮助领导者观察和选拔候选人。但不管使用什么方式对人才进行评估，都必须牢记冰山模型理论（图1-2）。

如图所示，冰山以上是基本知识、基本技能、经历等可以测量与提升的显性实力；冰山以下部分是价值观、性格、动机等难以测量和观察的隐性素质。在个体素质中，显性实力仅占30%左右，而隐性素质却占了70%。如果在评估人才的过程中仅关注对方的外在表现能力和潜力，那么就很容易导致用人失误。

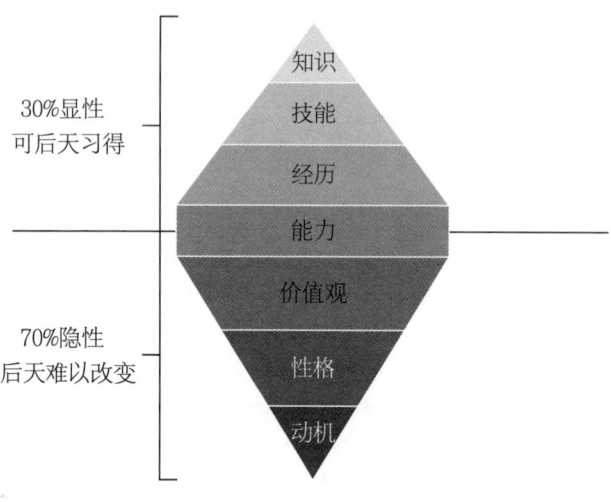

图 1-2 冰山模型

总之,要想全面评价一个人,就要听取各方意见综合考察,这样才可能得到较为公正的结论,从而避免错失或误用人才。

第二

筹谋卷

——事情不可能一蹴而就,准备越充分,底气越足

为什么有的人定了目标却总是难以实现?
为什么有的人总是与机遇失之交臂?
短期利益和长期发展之间应该怎么平衡?

犹豫通常都是因为准备不足,没有底气。
世间最诛心的从来都不是无能为力,而是错失良机。

面对冲突应该怎么办

**原文**

守之伐之,不如以德伏之。

**译文**

无论是固守,还是征伐,都不如凭借德行使人归顺、服从。

古事记

廉颇负荆请罪

战国时期,蔺相如曾多次凭计谋为赵国立功,并因此被赵国国君封为上卿,地位在大将廉颇之上。对此,廉颇颇有微词,对人抱怨道:"我是赵国的大将,为赵国立下了赫赫战功。而蔺相如不过仗着一张巧舌如簧的嘴罢了,有什么资格位列于我之上?如果我们有机会相见,我势必要让他难堪!"

廉颇的抱怨很快就传到了蔺相如的耳中,不过蔺相如却没有因此生气,反而避其锋芒,尽量不与廉颇见面。为了规避冲突,蔺相如甚至还特地请了病假,不再上朝。

这日,蔺相如乘车外出,远远便瞧见廉颇骑着高头大马迎面而来，于是他赶忙让车夫掉转车头往回走。随从们见状，既疑惑，又不服："大人为什么那么惧怕廉将军呢？"蔺相如闻言，反问道："在你们看来，廉将军和秦王谁更厉害？"随从们虽然不解其意但还是纷纷答说："那肯定是秦王。"蔺相如接着解释道："我连秦王都不怕，怎么会惧怕廉将军呢？只是你们是否想过秦王忌惮赵国、不敢轻易进军的原因？那是因为我与廉颇将军一文一武齐力守护赵国。如果我们两人的关系出现间隙，那么赵国的国力势必大大削弱，到时候，秦王一定会趁机攻打过来。这就是我尽量避免与廉将军交恶的原因。"随从们听完蔺相如的解释恍然大悟，并为之深深感动。从此，他们见了廉颇的手下也都小心谦让，尽量避免发生冲突。

后来，蔺相如的话辗转传到了廉颇耳中，廉颇在静心思索后，对自己的行为深感惭愧，同时也被蔺相如的德行与远见所折服。于是，他脱下战袍，身背荆条，亲赴蔺相如府中请罪。蔺相如知晓后，连忙出门相迎，二人就此化干戈为玉帛，成了刎颈之交，一同为保卫赵国奉献力量。

微鉴评

在古代，武将与文臣之间时常出现龃龉：文臣嫌弃武将粗犷直接，只善舞枪弄棒；武将认为文臣缺乏实战经验，有空谈误国之嫌。这种偏见其实是源自他们对彼此职责与能力的不了解。以廉颇为例，他最初不服蔺相如，就是因为身为武将的他根本无法理解文臣为何"不费吹灰之力"就能抵过自己在沙场上浴血奋战得来的功劳。

正所谓"尺有所短，寸有所长"，文臣有谋略，擅内政，懂外交，能够为国家的长远发展提供稳定基础；而武将则以其骁勇善战，捍卫着国家的领土与主权，为国家的生存提供坚实保障。二者缺一不可。一旦他们因偏见与隔阂激化矛盾就会影响国家的稳定与发展。这就是为什么蔺相如在多次被廉颇刁难后，仍选择忍气吞声。

当然，蔺相如应对冲突的方式也很值得品味，他没有急着找廉颇对质或者找证据力证自己的优秀之处，只是先避其锋芒，缓解矛盾，再借他人之口统一双方战线，化敌为友。

运用冲突管理模型，有效应对冲突

应对冲突的正确方式是什么？

矛盾与冲突无处不在，影响着人的情绪和工作效率。因此，做好冲突管理对于维持和谐的人际关系、提高工作效率有着重要意义。现代管理学家根据组织成员介入冲突的方式将冲突管理风格分为合作、迁就、回避、斗争以及折中五种类型（图2-1）。在实操时，你可以这样选：

◎ **在冲突双方利益不完全对立，且彼此存在信任基础的前提下，优先选择合作的策略。**积极沟通，协同解决问题，才能达到利益最大化。

◎ **当己方利益无关紧要，又或者评估认为维护长期关系优先于短期利益时，可以选择迁就策略**，适当作出让步，以化解冲突。

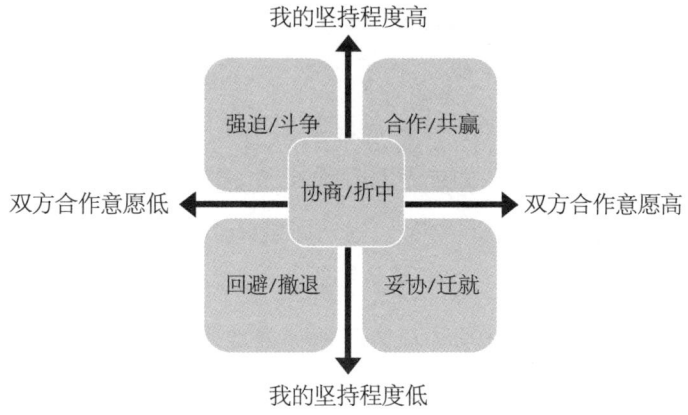

图 2-1 冲突管理模型

◎ 如果冲突暂时无法得到解决，或者冲突双方情绪反应激烈，可以暂时选择回避，等双方冷静下来再进行沟通和处理。

◎ 在涉及原则问题及核心利益的时候，冲突管理者要有勇气选择斗争的策略，坚定维护己方权益。

◎ 在冲突双方需求都合理，且存在一定协商空间的情况下，可以考虑采取折中策略，寻找一个平衡的中间点，让双方都得到一定程度的满足。

眼望前方脚踏实地

原文

宜远图而近取。见先机,善筹划。

译文

最好的做法应当是谋划深远,然后从眼前的事开始着手。提前预见事情未来的走向,并且善于为之谋划。

古事记

闻鸡起舞

东晋时期,有位有志青年名叫祖逖,他性格豁达坦荡,不拘小节,一心渴望建功立业。早年间,他曾先后被举孝廉和秀才,但都没有接受,直到后来才与刘琨一起出任司州主簿。他们二人年纪相仿,且都英气勃发,因此颇为投缘,经常同睡一张床评论时事,兴起时还会聊到半夜,然后相互勉励说:"若是有一天真到了天下动荡、群雄逐鹿的时候,你我二人也理应在中原成就一番事业!"

这日,祖逖半夜突然被一声鸡啼声吵醒,于是就踢了踢身边的刘琨道:"世人视鸡啼为不吉,但我却不这样认为,反而觉得它是在提醒我们时光易逝,勉励我们珍惜时间,勤奋努力。"刘琨听完也认同地点了点头。此时二人睡意全消,便一同来到院中,借着皎洁的月光练习剑术。从这天起,无论是寒风凛冽的冬日,还是酷暑难耐的夏日,他们只要听到鸡啼声,就会起床舞剑,从未间断。

后来,天下大乱,硝烟四起,祖逖与刘琨各自怀揣着满腔的热血和坚定的信念奔向战场,并都凭借才干与努力在乱世中闯出了属于自己的一片天,实现了当初的理想,也兑现了曾经的承诺。

微鉴评

祖逖闻鸡起舞的故事,许多人自幼便耳熟能详。这个故事最为人称道的,不是祖逖年少立大志的意气风发,也不是天下大乱时他用战功铺就的辉煌大道,而是他日复一日的苦练以及为理想坚定奋斗的精神。他的成功并非"梦想偶然照进现实",而是脚踏实地走出来的。倘若他空有收复失地的壮志,却无每日不懈的努力,也无长远规划与周密的部署,那么只怕收复失地只能在梦中,功成名更是遥不可及。

成就大事,不是仅仅靠心中的梦想和高远的志向,而要为了梦想不懈努力,否则所谓的理想就如空中楼阁,可望而不可即。

用 SMART 拆解目标,借 WBS 高效执行

如何让目标成功落地?

要想让目标不再停留于构想上,除了坚持和努力外,还要有科学的落地执行方案。你可以这样做:

◎ **拆解目标**。对于一个远大的目标,要学会将大目标细化为一系列小目标。在这一过程中,需遵循 SMART 原则,即确保每个小目标都是具体的(S)、可衡量的(M)、可实现的(A)、与大目标相关的(R)以及有时限的(T)。闻鸡起舞本身就是一个十分符合 SMART 原则的小目标(图 2-2):

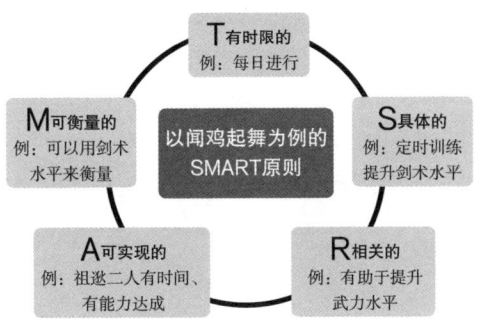

图 2-2　SMART 原则组成要素

◎ **高效执行**。拆解目标只是帮助我们设定相对于大目标的节点,真正落地执行还需要通过工作分解结构 WBS 将工作细化为一系列更小、更具体的任务单元(图 2-3)。举个例子,祖逖的大目标是建功立业,这个任务听起来是不是很空泛?那么

根据WBS分解的逻辑，我们可以将整个目标分解为：提升个人能力、建立人脉关系、寻找建功立业机会、制定并执行战略计划等多个阶段。其中的每个阶段都可以进一步细化，比如提升个人能力可细分为每日练习剑术、学习兵法与战略等多个任务。这样层层拆解下来，原本空泛的目标就被转化为一系列有序、可控的任务，每个任务也都有明确的执行路径，从而大大增强了目标的可落地性和执行的效率。

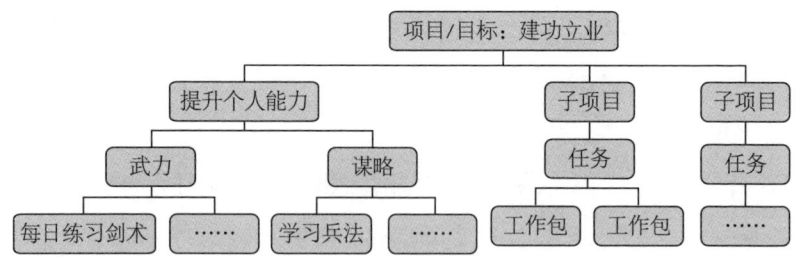

图 2-3　WBS 工作分解结构

无论如何，梦想都不应该只停留在脑海，只有在现实中真正执行起来，才能最终摘得丰硕的果实。

事前准备要做好

原文

圣王之举事,考之于蓍龟,不如谛之于谋虑;炫之以武,不如伐之以义。

译文

圣贤的君主在发动战争的时候,与其将凶吉寄托于占卜结果,不如提前做好筹谋;靠武力施压取胜,不如以道义进行征伐。

古事记

皇甫绩以有道伐无道

581年,隋文帝杨坚颠覆周朝政权,建立隋朝。大臣皇甫绩因在建朝前辅佐杨坚有功,而受封为豫州刺史,后来改迁为都官尚书。六年后,皇甫绩被任命为晋州刺史。在赴任之前,皇甫绩进宫拜见杨坚道:"臣子平庸,见识浅薄,对国家毫无裨益,所以心中时常念着要深入险地来报答国恩。如今伪陈政权仍苟延残喘,依臣所见,要想灭了陈国,需要准备三个理由。"

杨坚闻言便让他细述详情，皇甫绩答道："其一，我们要让人们意识到，大国吞并小国，本就是常理；其二，我们竖起道义的旗帜，去征伐失了道义的国家，这也是一种很好的说辞；其三，陈国接纳叛贼萧岩为我们出兵提供了正当的理由，也是一个很好的突破点。陛下如果要派遣英勇的将士前去征伐，就请让我也加入其中，为军队尽一份绵薄之力吧！"

杨坚听了皇甫绩的话，十分感动，便给予了他嘉奖。次年三月，杨坚宣布了陈后主的二十大罪状，下诏征讨陈国。同年十月，杨坚又命杨广、杨俊和杨素等人为元帅，兵分几路进军陈国，他自己更是亲临定城誓师，誓要灭了陈国，而皇甫绩也如愿加入了伐陈军队中。

微鉴评

正如《孟子》所说"得道者多助，失道者寡助"，天下百姓无不厌恶战争，如果无端发起战争，定会招致天下人的不满与唾弃；相反，若能站在道义的一方，以道义为名出征，往往能够得到更多助力。因此，众多将领在发起战争时都会寻找一个合理的由头，譬如皇帝昏庸、奸臣当道等，无论如何，他们都会将自己放在"替天行道"的位置上来为征伐做一个圆满解释，以求得人心所向。

这种提前营造舆论的行为也可以算作一种事前准备。事前准备工作越充分，覆盖面越广，则事情的成功率也将随之提升。

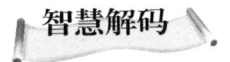
智慧解码

组织项目启动会,做好事前准备

办大事前需要组织一次大会,这个大会即为项目启动会。这个启动会的意义在于帮助项目成员全面而深入地了解项目,明确自己对应的职责与使命。其流程一般为:

◎ **宣讲项目的背景和目标**。古时将军出征前通常会发布檄文,到了现代则为项目章程。章程包括项目背景、愿景与目标、团队成员与角色分工、项目的交付结果要求等。这一步主要是为了宣布项目价值,从而激发士气。

◎ **正式授权项目负责人**。这一步是为了确立项目负责人地位,树立其威信,以便其未来顺利开展项目管理。

◎ **明确项目干系人**。这里的干系人包括实际参与项目的人,以及所有与项目相关的成员。

◎ **明确项目计划和阶段**。这一步需要出具项目计划表,帮助项目成员明确时间和目标,还需要明确相关的沟通计划,方便后续跟进项目进展,如项目例会时间等。

◎ **公布制度性文件**。包括人员管理制度、执行管控要求、风险管理原则等。这将为后续的项目执行提供基本的管理框架。

总之,事前做好充分的准备工作是确保项目成功的基石,也将直接影响后续行动的效率与成果质量。

及时出手才能赢

原文

察而后谋,谋而后动,深思远虑,计无不中。故为其诤,不如为其谋;为其死,不如助其生。羽翼既丰,何虑不翱翔千里。

译文

待明察秋毫后再进行谋划,等到筹谋妥当后再行动。放眼未来,深思熟虑,计谋就会得以实现。所以与其向人进谏,不如为他筹谋;与其为他丧命,不如帮他谋得生机。羽翼已经丰满,何愁不能翱翔千里?

古事记

项羽大摆鸿门宴

刘邦驻军霸上时,亚父范增告诫项羽:"刘邦从前在崤山以东时贪财好色,如今进了关,却一改风气,既不掠取财物,也不沉迷女色,可见他志向不小。再加上,我看他气运滔天,恐怕是天子之相。你一定要尽早攻打他,免得错失机会。"只可惜项羽并未把范增这些话放在心上。反倒是项伯认真听了,并向刘邦通风报信。刘邦因此变得十分警惕。

不久，项羽在鸿门大摆宴席款待刘邦。宴会上，范增多次暗示项羽趁机杀了刘邦，可项王却都沉默以对。无奈之下，范增只能安排项庄假意舞剑伺机刺杀，可谁知项庄刚一拔剑起舞，项伯也拔出剑舞了起来，害得项庄无法顺利刺杀。而此时，刘邦的谋士张良也看出了不妥，便急忙到门外找来壮士樊哙。

樊哙一听情况危急，便拿着剑和盾牌，一把撞开守卫，大步跨进帐中。进到帐内，樊哙瞪大了双眼，直直盯着项王，头顶的头发都直竖起来，眼角也裂开了。项羽在得知其是刘邦的参乘后还为他赐酒赐肉。樊哙也不客气，端起酒一饮而尽，就着盾牌用刀切猪腿肉吃。项羽见状继续问："壮士，你还能喝酒吗？"樊哙答："我连死都不怕，还怕一杯酒吗？"接着便开始为刘邦打抱不平，说他进了咸阳不敢擅动，一心等待项羽到来，而项羽却听信小人的逸言，意图杀害有功的人。项羽听了也没多做辩驳，只是给樊哙赐座。

坐了一会儿，刘邦以上厕所为由偷偷溜走，一场惊险的鸿门宴也就此落下了帷幕，项羽也错失了杀死刘邦的最佳时机。

微鉴评

从刘邦的角度看鸿门宴，可谓是危机四伏。自己羽翼未丰，对方又是西楚霸王，双方力量悬殊，根本无力一战。因此他表现得十分谦卑，甚至不惜低声下气，以打消项羽的疑虑。

从项羽的角度看宴会，却不免令人感到惋惜，他本有机会一举铲除刘邦，彻底解决这个未来会对他构成巨大威胁的对手。

然而，他却始终犹豫不决。一方面是被刘邦表面的恭顺所迷惑，对刘邦兄弟情谊充满幻想；另一方面又担心直接杀害盟友可能带来负面影响。结果放虎归山，为自己日后的失败埋下了伏笔。

可见我们在面对机会时，必须及时出手，不能犹豫不决，否则就会错失良机，甚至付出沉重的代价。

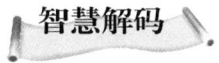
智慧解码

把握时机，及时出手

对于普通人来说，要想做到把握住时机，及时出手，可以尝试从以下几点做起：

◎ **培养敏锐的洞察力**。持续关注周围环境、行业动态和趋势，这能够帮助我们迅速捕捉到变化的信息，同时尽可能积累经验和专业知识，学会从细节中发现问题或机会。

◎ **设定明确的目标和预期**。明确自己想要的目标和期望完成的时间，一旦目标达成就是出手的最佳时机，这可以一定程度上帮助我们进行决策。

◎ **构建可靠的信息来源和评估机制**。在我们无法独立进行决策时，可借助可靠、专业的信息以及专家评估，让我们更全面客观地看待事情，避免主观臆断和偏见，从而助力决策。

果断决策说起来容易做起来难，特别是在面对巨大的利益诱惑、严重的损失或未知的风险时，更是难上加难，所以才更需要不断锻炼和加强。

人性也可以是武器

原文

察人性,顺人情,然后可趁,其必有谐。所谋在势,势之变也,我强则敌弱,敌弱则我强。倾举国之兵而伐之,不如令其自伐。

勇者搏之,不如智者谋之。以力取之,不如以计图之。攻而伐之,不如晓之以理,动之以情,诱之以利;或雷霆万钧,令人闻风丧胆,而后图之。

译文

审视人的本性,顺应人之常情,然后采取相应行动,这样一来就能顺利取得成功。所谋求的目标在于缔造形势,形势转变了,我方变强,敌方就会变弱;敌方变弱了,我方相对就变强了。与其倾尽国家的全部兵力去讨伐敌军,不如让敌军自行瓦解内部实力。

勇士靠拼搏取胜,不如聪明的人靠谋略取胜。靠蛮力去争夺,不如依靠计策来夺取。征伐进攻他人,不如与他们讲明道理,用真情实意打动他们,用利益诱导他们;或者也可以用雷霆般的手段,给敌人们营造恐惧感,最后再收服他们。

 古事记

傅介子诱杀楼兰王

西汉元凤年间,楼兰、龟兹等西域小国时时惹是生非。外交家傅介子为震慑这些西域小国,与大将军霍光商议后决定杀死贪财的楼兰王,以扬汉朝国威。

于是这日,傅介子带着黄金锦绣一路西去,谎称奉旨犒赏西域诸国。可西域各国自傅介子斩杀匈奴使者一事之后就一直对他颇有戒备,楼兰王尤其如此。傅介子对此也心知肚明,所以毫不心急,一直等到快要离开楼兰时,才拿出黄金对楼兰使臣说道:"天子派我带了许多黄金锦绣前来犒赏诸国,不信你看。"说着还深深叹了口气,"如果楼兰王不亲自领赏谢恩的话,我可就带着宝物去别国了。"楼兰使者看见黄金,心中十分激动,赶忙回宫向楼兰王上奏此事。楼兰王本就是贪财之人,一听使者上奏,便急忙出言挽留傅介子。傅介子自然也配合地将那些黄金锦绣摊开来,任由楼兰王挑选。

楼兰王得了黄金,便设宴款待傅介子。酒过三巡,傅介子附在楼兰王耳边低声说道:"天子命我悄悄将一些机密要事转告给大王,请大王借一步说话。"楼兰王一听事关机密,便跟着傅介子进了帐幕。不想,他刚一进去就被事先埋伏的两名壮士捉住杀死了。

随后,傅介子又对楼兰王的属下们说:"楼兰王得罪了朝廷,天子命我前来取他性命。即日起,之前留在长安的人质就是新的楼兰王,你们要好好辅佐他,不可轻举妄动。要知道,我们

汉军就在城外，随时可以踏平楼兰。"这一番话吓得楼兰王的属下们魂飞魄散，纷纷点头称是。

微鉴评

每个人都有自己的"命门"，它与人性深处的需求息息相关，是人性难以克服的弱点。如果能抓住对方的"命门"就能轻而易举将其制服。譬如，有的人喜好美色，那么他往往难逃美人陷阱；有的人沽名钓誉，那么他往往难以拒绝声名远扬的机会；有的人贪恋财富，那么他自然也无法摆脱金银珠宝的诱惑。

以楼兰王为例，财富就是他人性深处的需求，也是他的致命弱点。尽管他起初小心戒备，但当放在他眼前的利益远远超过他的预期时，他就会被诱骗到既定的陷阱里。也可以说，楼兰王的死生动诠释了什么叫作"人为财死，鸟为食亡"。

智慧解码

从马斯洛需要层次了解人的内心需求

美国心理学家亚伯拉罕·马斯洛对人类的需求进行了研究，并得出了著名的马斯洛需要层次理论。在马斯洛需要层次理论中，人类的欲望和需求被划分为金字塔形的五个层级，它们分别是（图2-4）：

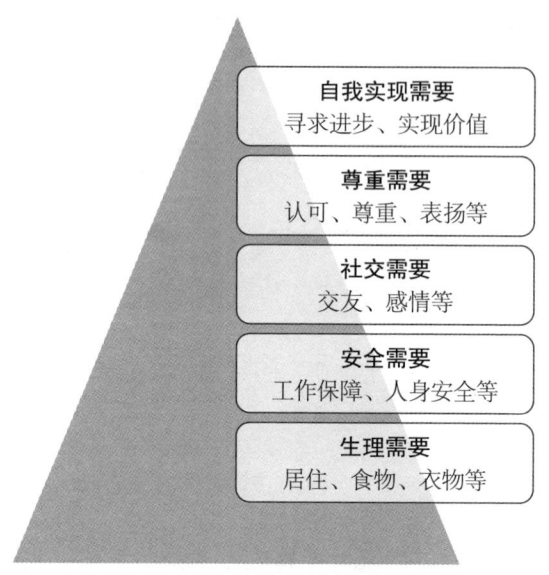

图 2-4 马斯洛需要层次

生理需要，即保障人类身体机能正常运转的需要，如衣、食、性等。**安全需要**，即保障人们生命不受威胁的需要，如人身安全、工作保障。**社交需要**，即遵循人类的群体性而延伸出来的与其他人建立感情的联系或关系的需要，如交友、恋爱等。**尊重需要**，即渴望自己更加强大、更有价值，得到自己或他人认可和尊重的需要，如感谢、表扬等。**自我实现需要**，即希望能够实现自我完善和超越的需要，如打破历史纪录等。

这五种需要虽然次序不完全固定，但总体呈阶梯式逐级提升之势，激励着人们不断前行。深入理解了马斯洛需要层次理论后，你自然就能理解人们内心真正的需求了。

高端较量比的是信息差

原文

实以虚之,虚以实之,以其昏昏,独我昭昭。

译文

将事实包装成虚假的样子,将假象包装成真实的样子,以此使敌人感到迷惑,只有自己保持清醒。

古事记

李崇妙计破命案

北魏时有两兄弟,名为解庆宾和解思安。这兄弟二人因犯罪被流放扬州。途中,弟弟解思安悄悄逃跑,哥哥解庆宾因担心受牵连,便在城外冒认了一具尸体,假说弟弟被人杀害。为了使人相信他的话,他特地收买了一位巫婆,让那巫婆诈称曾见过解思安的鬼魂向她倾诉自己遇害的经历。接着,解庆宾又把杀害的罪名嫁祸到同行的苏显甫、李盖身上。就这样,苏显甫和李盖二人受冤入狱。

李崇时任当地刺史一职,他初闻此案便心怀疑虑,于是拖延时间，迟迟不下判决。这日，李崇偷偷让两个手下佯装外地人赶来拜访解庆宾。他们对解庆宾说："我们是从北边来的。之前你弟弟解思安在我们那里借宿，等到夜谈时，我们才得知他原来是个逃犯。我们本来想将他扭送到官府，可实在经不住他的苦苦哀求。他告诉我们，他的哥哥解庆宾和嫂嫂徐氏住在扬州，让我们帮他给他哥嫂送信，还说他的哥哥一定会重金酬谢我们，现在你只要给我们一些银子，我们就放过你弟弟，否则我们就把他送到官府去。你要是不信，可跟我们一起去看看你弟弟。"

解庆宾听完不禁面露难色，求这二人多留点时间，好等他筹集银两。二人得了解庆宾的回应后，便寻了借口离开，转而将实情回禀给了李崇。李崇立刻让人将解庆宾押来审问。解庆宾无可辩解，只能认罪。苏显甫和李盖也得以申冤。

几日后，解思安被人抓回衙门，而帮助解庆宾圆谎的巫婆也受到杖刑处罚。当地人闻知此事，纷纷夸赞李崇断案如神。

微鉴评

在科技不发达的古代，信息壁垒无处不在，这就导致断明疑案的难度极大。李崇之所以觉得蹊跷，不过是凭借他多年为官经验得来的直觉，可这种直觉并不能构成证据，而在没有证据的情况下，贸然审问解庆宾是不妥的。一方面解庆宾必定不会轻易招认；另一方面，李崇也容易因无端猜疑而被人诟病。

于是李崇只好另外施计让解庆宾露出马脚，这样的安排实际上是对信息壁垒的反向利用。解庆宾的弟弟逃跑是真，前来报信的两人是假;解庆宾夫妻身处扬州是真,其弟请人送信是假。借助信息差将真事与假象糅合起来,虚实难辨,让解庆宾在半信半疑中渐渐暴露真相。

分析乔哈里视窗模型,正确利用好信息

如何正确利用好信息?

由心理学中的乔哈里视窗模型可知,在人际沟通中,信息可以分为开放区、隐藏区、盲目区和未知区四个区域(图2-5)。其中,开放区是信息共享的区域,隐藏区是我方不对他人开放的区域,盲目区是他人不对我方开放的区域,未知区则是双方都不了解的区域。

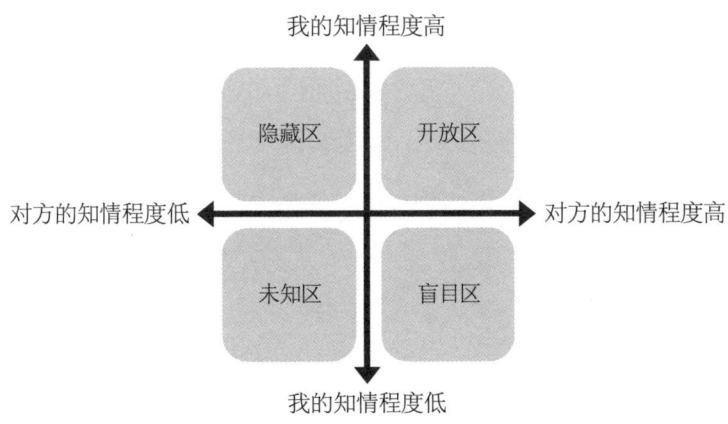

图 2-5 乔哈里视窗模型

◎ **开放区**。我们应当主动分享一些不涉密的信息,包括成

果、进展等，它可以帮助我们建立和维护自己的良好形象。

◎ **隐藏区**。我们要审慎地评估，并适时开放部分信息，以促进双方更深层次的信任和理解。但同时也需注意保护个人隐私和敏感信息，避免过度暴露带来的风险。

◎ **盲目区**。我们可以尝试鼓励他人给予真诚的反馈和建议，这包括主动询问他人的看法、接受建设性批评、参与360度反馈等，这将有助于我们更全面地认识自己，减少误解和冲突。

◎ **未知区**。我们可以采用头脑风暴会议等方式进行探索，群策群力，共同探讨新的想法和可能性，为解决问题和创新提供思路。

在如今信息爆炸的时代，信息不仅是知识的载体，更是决策的依据以及机遇的敲门砖。任何忽视信息收集、处理与分析，不懂得利用信息的人，最终一定会吃信息的亏。

别被蝇头小利迷住双眼

原文

人皆知金帛为贵,而不知更有远甚于金帛者。谋之不深而行之不远。人取小,我取大;人视近,我视远。未雨绸缪,智者所为也。

译文

人人都知道黄金丝帛贵重,却不知还有远比黄金丝帛更贵重的东西。无法做到深谋远虑就无法走得长远。在人人都选择小利时,我选择大志;在人人只顾眼前时,我更注重长远。聪明的人会选择在下雨前就先为下雨天做好打算。

古事记

晋献公献宝假道灭虢

晋献公当政时为了扩张晋国势力,便试图寻机剿灭虢国。可是晋国与虢国中间夹着虞国,要想讨伐虢国就必须途经虞国。晋献公苦苦思索却始终没能想出良策,只好向手下问计。

大夫荀息献计道:"虞国的国君贪财好礼,且目光短浅,我们不妨备上厚礼送给他，他一定会答应借道给我们去灭虢国的。"晋献公一听还要备上厚礼，心中难免有些不舍，这时荀息又说道："王上，虞国和虢国两国是近邻。等我们灭了虢国，再想拿下虞国，就无异于囊中取物。到那时，难道您还怕送给虞国的厚礼收不回来吗？"于是晋献公便接受了荀息之计。

不出荀息所料，虞国国君一见到晋国备下的厚礼马上笑逐颜开，随即满口答应借道给晋国。虞国大夫宫之奇闻讯连忙劝阻："王上，我们与虢国唇齿相依，如果您借道给晋国，等晋国灭了虢，我们也就危在旦夕了！"

可是虞国国君早已被晋国献上的厚礼冲昏了头脑，他摆手说道："晋国这次向我们送厚礼示好，难道我们还不能借道给他们吗？"宫之奇难以劝服虞公，只好携一家老小逃离虞国。

不久，晋国向虞国借道伐虢，并很快就灭了虢国，接着又顺势抓住虞公，灭了虞国。

微鉴评

一直以来，人们常以唇亡齿寒来解读假道灭虢的故事。但站在虞国的角度来看这个故事，其中暗含的不仅是唇齿相依的教训，更是因小失大的悲哀。要不是虞国国君被眼前的蝇头小利冲昏了头脑，让出了道路，又怎么会落得灭国的下场？

故事中晋献公的表现与虞公形成了鲜明对比。他在最初听说要献厚礼时，心中或多或少有些不舍。但正所谓"舍不得孩子套不到狼"，只有舍得抛出鱼饵，才有可能吸引来大鱼。所以他对虞公抛出厚礼作为鱼饵，最终将虢、虞收于囊中。

如果你是捕鱼人,就要知道有舍才有得,不要因为不舍而失大利。如果鱼饵足够有诱惑力,还怕鱼儿不上钩吗?反过来,如果你是鱼儿,就要时时警惕,不要太贪心,避免因小失大。

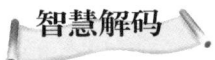

借助 SWOT 模型进行利弊分析

如何决策才能避免被短期利益蒙蔽?

在利益面前,首先要做的就是保持冷静理性的头脑,避免冲动决策;其次再对相关决策进行分析,避免出现错误决策。在这一过程中,可以借助管理学中的 SWOT 模型进行利弊分析,以故事中的虞国为例(图 2-6):

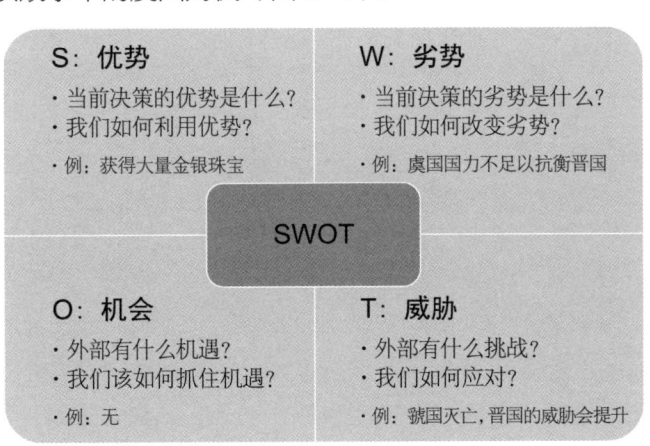

图 2-6 SWOT 模型

◎ **基于现状分析决策优势（S）**。包括可以带来的切实利益，以及一些不显著的正面影响等。

◎ **基于现状分析决策劣势（W）**。包括决策所需付出的代价，以及相对其他方案的不足之处等。

◎ **基于现状分析决策可能带来的机会（O）**。包括一切未知的潜在利益，以及机遇等。

◎ **基于现状分析决策可能带来的威胁（T）**。包括一切可能带来负面效应的不确定性因素。

当你能客观、理性地罗列出决策所带来的"SWOT"时，事情是一时的甜蜜陷阱，还是长期的发展机遇，一切就豁然开朗了。

第三 用人卷

——领导者真正的痛点不在事,而在人

为什么有的领导者总不会用人？
为什么有了职权却未必能做好领导工作？
怎样做才能让下属信服？

现代管理理念正从控制走向协作，
所谓驭下，不是把下属当牛马，而是把下属当盟友。

赏罚分明是驭下基础

原文

为政之道,在于辨善恶,明赏罚。倘法明而令审,不卜而吉;劳养功贵,不祝而福。贤者立而国兴,小人立而邦危。有国者宜详审之。故小人宜务去,而君子宜务进。

译文

治理国家的法则在于正确分辨善恶,明确赏罚制度。一个国家如果能做到法律严明,那么无需占卜也是吉利的;如果能做到论功行赏,那么不祝祷也能收获福泽。当贤能之人得到重用时,国家就会走向兴盛;当小人当道时,国家就会陷入危难。当政者应当仔细审度这件事情。所以治理国家务必除去小人,而重用贤能的人。

古事记

诸葛亮挥泪斩马谡

蜀汉建兴六年,诸葛亮决定挥兵北伐曹魏,并把马谡提拔为前锋。事实上,刘备在临终前曾多次告诫诸葛亮:"马谡这个人喜欢夸大其词，不堪重任。"但诸葛亮对此并未放在心上，还在出征前将街亭这一通向汉中的紧要关卡托付给马谡镇守。

临行前，诸葛亮再三叮嘱马谡小心行事，还指示他在依山傍水的位置安营扎寨。谁知马谡抵达街亭后，竟违抗诸葛亮的命令，打算将营寨安扎在远离水源的山上。副将王平劝阻道："街亭山上既没有水源，也没有粮道，一旦我们被曹军围住，只要他们切断水源与粮道，我们势必就会陷入困局，所以还请您依令在靠水依山的位置驻扎。"

然而马谡对王平的劝阻毫不在意，还洋洋自得地说："大家都知道我熟读兵法，就连诸葛丞相也时常向我讨教，你一介莽夫懂什么兵法布局？我把营寨安在山上，既占得高地，可以居高临下；又能断绝退路，作出背水一战的架势。兵法中常说，置于死地而后生，我用这招肯定可以出奇制胜。"说罢就固执地将营寨安在了山上。

魏明帝曹叡得知驻守街亭的人是马谡后，立刻派出名将张郃出战。张郃到了街亭，很快就发现了马谡在山上安营扎寨的情况，不由大喜过望，随即下令切断街亭山的水源和粮道，将蜀军困于山上，然后放火烧山，果真不费吹灰之力就击败了蜀军。

街亭的沦陷导致蜀汉失去了绝佳的战局，诸葛亮不得不退兵回到汉中，好不容易打下的南安、天水、安定三郡没多久也都相继失守。可以说，街亭的陷落直接导致了诸葛亮首次北伐的失败，而造成这一切的马谡显然是最大的罪臣。

为正军法，也为给三军一个交代，诸葛亮当众斩杀了马谡，后又上疏请求自贬三级。

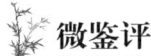 **微鉴评**

"诸葛亮挥泪斩马谡"是《三国演义》里堪称经典的一个情节。它一反诸葛亮料事如神的设定,为我们展示了英明如诸葛亮也会有用错人的时候,进一步丰富了诸葛亮的人物形象,同时也借此讲述了行军驭下需做到赏罚分明的道理。

在街亭失守前,马谡本是诸葛亮的得意将领,深受诸葛亮器重,可他却因自负酿成大错,为全军带来了莫大损失。诸葛亮显然知道如果不严惩马谡,不仅无法正军纪,而且还难以服众,容易引来全军不满,从而大大打击士气。于是,纵使内心不舍,他也只能选择及时止损,忍痛依律处死马谡。

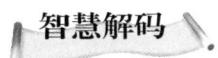 **智慧解码**

以 KPI 考核建立赏罚考核机制

如何建立一套完整的赏罚考核机制?

基于人性的复杂性,物质、环境、关系等都可能对人的工作态度和行为动机产生影响,所以单一的奖惩或自由授权都不容易取得卓越的效果。在这一情况下,各类绩效考核体系应运而生,其中 KPI(关键绩效指标)的方式最为常见,以下为使用步骤参考。

◎ **设定明确的 KPI**。与下属共同制定具体且可衡量的 KPI,确保与团队战略目标一致。

◎ **持续跟踪与反馈**。在考核周期内持续追踪 KPI 完成情况，并及时给予员工反馈，促进双向沟通。

◎ **客观评估与量化分析**。依据 KPI 进行客观评估，通过量化分析得出绩效得分，确保评估结果的公正性。

◎ **结果应用与持续改进**。将绩效考核结果应用于薪酬、晋升等方面，同时制定改进计划，持续优化 KPI 体系。

不管什么绩效管理工具，其本质都是为了驱动团队正向发展。因此，绩效管理工具的使用需要结合实际不断进行实践和调整，使之匹配团队情况，为团队进步服务。

宽以待人可得人心

原文

大德容下，大道容众。盖趋利而避害，此人心之常也，宜恕以安人心。故与其为渊驱鱼，不如施之以德，市之以恩。而诱之以赏，策之以罚，感之以恩。取大节，宥小过，而士无不肯用命矣。

译文

大的德行能够包容天下，大的道义能够包容众人。这是因为追求利益、躲避危害是人之常情，要学会宽恕，使人心得到安抚。所以与其施行暴政，使人民投向敌方，不如以德行收服他们，用恩惠感动他们。而后用奖赏诱导他们，用惩罚鞭策他们，用恩惠感化他们。看重别人的品德大节，宽宥他们犯下的小错，那么士人没有不肯为他效命的。

古事记

汉武帝微行柏谷

汉武帝刘彻在登基后曾带着一群人微服出巡来到柏谷，他们本想到亭长那里借宿，却因夜深遭到亭长拒绝，便只好暂居一家客栈。

谁知，那客栈主人看到汉武帝一行人个个年轻力壮，举止神秘，竟大声斥责道："我看你们这群人一个个人高马大，本应好好务农耕田，如今却身佩刀剑，声势浩大地来到我们这里，还专挑夜间行动，想来不是强盗就是淫贼！"

汉武帝听了并未作任何解释，只是说自己口渴想向店主讨水喝。那店主见状语气越发不客气地答道："我这里没有水，只有尿！"说罢就转身回到内屋去了。

过了一会，汉武帝命人偷偷探查才知，那店主居然悄悄聚集了一些年轻力壮、身佩刀剑的小伙子，让他们时刻准备动手，还打算让自己的妻子出来假意安抚。不多时，果然有名老妇出来待客，老妇眼看双方架势不善，很快就离开了。

屋内，老妇劝丈夫道："我看这群人的首领器宇不凡，想必不是普通人。何况他们一定有所防范，恐怕不好应对，还不如好好招待他们。"可店主仍然坚持己见，要聚集一众乡亲共同抗击贼人。于是老妇哄骗说："先安抚他们，等他们熟睡后才好图谋其他。"店主闻言这才暂且罢休。另一边，暗中偷听店主夫妇筹谋的侍从们心惊不已，纷纷劝汉武帝赶紧离去，可汉武帝却觉得离去势必招祸，不如留下来静观其变。

又过了一会，老妇出来对汉武帝一行人道："诸位听到我家老头所说的话了吗？他喜好饮酒，为人狂大悖逆，不足以为虑，所以今夜还请各位安眠，不会出什么事的。"说完，她再次回到屋内，借口天气寒冷，喝酒能暖身，不断劝店主喝酒。很快，店主就被灌醉了，于是老妇用绳子将其绑了起来，并顺势遣散了店里的年轻人。等忙完这一切后，她才出门向汉武帝等人道歉，并杀鸡宰羊好生招待了他们一番。

后来汉武帝回到宫中，心中十分感念店主妻子的款待，便把这夫妻二人召进宫中，赏了店主妻子黄金千斤，且免了店主的不敬之罪，大力赞赏他为人正直，还赐封他为羽林郎。就这样，宽容大度的汉武帝在臣民间的声望更高了。

微鉴评

众所周知，在等级森严的古代，皇权地位高于一切，故事中店主对待汉武帝刘彻的态度和行为显然犯了不敬君主的罪名。店主虽然并非明知故犯，只因汉武帝一行人令其觉得形迹可疑，但是若是遇到生性残暴、不懂宽容的君主，恐怕也早就身首异处，哪还有机会得到重赏和封赐？不过，不要忘了"水能载舟，亦能覆舟"，回顾历史，留下美名、开创盛世的明君们无不在百姓之中有着良好口碑。可见民心所向对于一国之君意义重大，只有得民心才有可能得天下、安天下。

宽以待人的道理在当今社会亦是如此。即使不是身居高位，适当包容他人的小过、小错也可以促进人际关系向好发展，增进交际双方的信任和理解，减少彼此的冲突和误解。

智慧解码

寻找点滴幸福,培养宽容心态

如何培养宽容的心态?

宽容是一种美德,但要想做到其实并不容易,因为它不只体现在行为表现上,更是体现在心态和心境上。只有心态足够平和开放,才能真正做到宽容待人,具体你可以这样做:

◎ **培养感恩心态**。每天寻找并感激潜藏在生活中点点滴滴的幸福,这将让我们的内心感到平和与满足,使我们更易于宽容他人。

◎ **自我反思**。定期回顾自己的行为和态度,诚实地评估自己是否过于苛刻或存在偏见,这有助于识别并改正不宽容的行为。

◎ **培养同理心**。理解并感受他人的情绪、需求和经历,实现情感上的共鸣,这种共鸣能够打破隔阂,促进相互理解和尊重。

不公平是用人大忌

**原文**

赏不患寡而患不公,罚不患严而患不平。赏以兴德,罚以禁奸。

**译文**

奖赏不担心少而担心分配不公,惩罚不担心严厉而担心不服人心。用奖赏来激励德行,用惩罚来制止奸佞。

古事记

曹操割发代首

东汉建安年间,曹操带兵途经宛城时,恰逢麦子成熟,城内四处洋溢着丰收的喜悦。于是他传令全军:"任何人经过此处都不能践踏麦田,违令者斩。"

军中将士们严格恪守曹操的禁令,每当路过麦田时都会翻下马背,牵着马,小心翼翼地从麦地间穿过。当地百姓见此情景,纷纷称赞曹操英明。

直到这日,当曹操骑着马路过一片麦田时,田里突然飞出一只鸟惊了他的马，那马一下子蹿进田里，踏坏了一片麦田。曹操想起自己有言在先，便拔出佩剑想要自刎谢罪。众人见状，纷纷伸手拦下。曹操严厉说道："如果连我自己都违背了自己立下的军令，那么将来还会有谁能心甘情愿地遵守军令？一个言而无信的人又如何统领千军万马呢？"

这时，谋士郭嘉上前劝道："古籍里有这样一句话'法不加于尊'，丞相您身上背负着国家大任，统领着我朝大军，怎么可以自杀呢？"

曹操听了，一面觉得郭嘉言之有理，一面又不愿轻易违背自己的军令，便举刀割下一缕头发说："那么我就割断头发以此代替斩首吧！"接着他派人在全军上下做出通报："丞相无意践踏了麦田，按理应该斩首谢罪，但是考虑到身上背负的家国重任，不敢轻易死去，只能割下头发代替头颅。"

微鉴评

我们首先要明确的是，曹操"割发代首"的惩戒举措建立在古时的一个核心理念上，即"身体发肤，受之父母，不敢毁伤"。因此，表面上看仅是割发以示惩戒，实则已是一种极为严厉的自我责罚。

再回归到责罚本身，曹操的这一行为主要是想对三军传递一个信息：军纪是严明且公平的，当他自己犯错时，他也愿意与普通士兵一样以同罪论处。这种公平性的体现对于维护军纪，稳定人心有着重要意义。正如古语所云"不患寡而患不均"，不管奖赏或是惩罚，最重要的不是力度强弱，而是公平与否。否则一旦下属因不公平而出现心理失衡,那么团队的凝聚力将受到严峻挑战,士气也将大受打击。

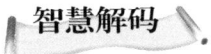

从公平理论出发,消除下属不公感

如何做到公平?

《论语·季氏》中写道"不患寡而患不均",深刻点明了在管理过程中保持公平的重要性。不过在讨论如何保持公平之前,我们不妨看看下属为何会感到不公。

美国心理学家亚当斯提出的公平理论认为,人们以产出(O)和投入(I)的比率即相对报酬作为比较基础,来判断自己是否得到公平对待。产出指的是薪水、绩效、认可等,投入指的是努力、时间、能力等。当自己的比率高于或等于他人时,他们会认为自己得到了公平对待;但如果比率低于他人,那么他们就会感到不公。

$$相对报酬 = \frac{O}{I} = \frac{产出(薪水、绩效、认可等)}{投入(努力、时间、能力等)}$$

图3-1 公平理论公式

结合公平理论来看,要想消除下属的不公感,领导者应该做到以下几点:

◎ **保持绩效机制公开透明。** 只有下属明确了解了投入与产出的关系,才不会对评估结果产生疑虑,从而才会增强他们的公平感。

◎ **定期沟通**。在上下级之间要保持沟通通道足够畅通，这样可以帮助领导者及时了解下属对公平的看法，并及时给予反馈，减少乃至消除他们有关不公平的误解。

◎ **动态调整薪酬和福利**。下属的薪酬和福利应当得到适时调整，并且这种调整应该基于外界行业水平、下属贡献情况等，以便保持内外部公平性。

公平对于团队管理有着至关重要的作用，一个充满不公的团队必然是人心涣散的。这样的团队，不仅无法取得良好发展，面对风险时也毫无抵御能力。

让下属信服才是好领导

原文

使下畏罚而利赏,下也;好德而思进,上也。

译文

让人趋避惩罚,追求赏赐是下等的计谋;最好的做法是让人因尊崇高尚的品德,而自发追求上进。

古事记

楚庄王绝缨

春秋时期,楚庄王有次设宴邀请众臣饮酒,并让自己的宠妃在旁陪宴。席间觥筹交错,君臣上下其乐融融。

突然,宴席上的蜡烛被风吹灭,场内陷入一片黑暗之中。这时,一位大臣趁机一把拉住了陪宴的宠妃的手。就在拉扯之间,宠妃扯下了那位大臣的帽缨,随即附在楚庄王的耳边说道:"有人趁着蜡烛熄灭轻薄我,我扯下了他的帽缨,还请大王快快让人点灯,惩罚那名帽缨断了的人。"然而,楚庄王听完并没有急着点灯,而是对众人说道:"今天我们君臣喝酒,无需拘束,现在就请大家扯断帽缨,一起喝个痛快!"等到群臣领命扯掉帽缨,楚庄王才点灯继续酒宴。

宴席结束后,宠妃埋怨楚庄王未替她出头,楚庄王却说道:"今天我设宴宴请群臣是为了让大家尽兴,酒后失礼是再常见不过的事情了,怎么能为了维护自己宠妃的名节而辱没臣子呢?"那位宠妃这才理解了楚庄王的用意。

多年后在晋楚大战中,楚国有名猛将主动请缨杀敌,他带头冲锋陷阵,最终助楚国大挫敌军,为楚国立下了汗马功劳。战后楚庄王封赏众将,问那名拼死杀敌的猛将:"我记得自己从来没有特别优待过你,为何你愿意如此拼死抗战呢?"那大臣答道:"上次在大王的宴会上,我酒后失礼,而大王您不仅没有治罪,还保全了我。我受了大王如此大的恩惠,当然要拼死报答您。"

微鉴评

封建社会讲究尊卑有别,很显然,身为下属冒犯君主的宠妃就是一种大不敬的行为。在这种情况下,许多君主都会选择严惩不贷。站在古代君主的角度看,严惩大不敬者的做法无可厚非,因为这种惩戒代表着对自己威严和地位的维护。

不过楚庄王面对这种情况时却选择了宽恕,而且还为其遮掩。这不仅展现了他非凡的领导智慧与胸襟,也成功换来了对方的誓死追随。

> **智慧解码**

按五层领导力定位，逐级提升领导水平

如何提高自己的领导能力？

成为领导并非终点，而是起点，因为这是新征程的开始。要想提升自己的领导水平，不妨根据领导力和人际关系大师约翰·麦克斯韦尔的"五层领导力"定位自己的层级，并争取向下一层级进阶（图3-2）。

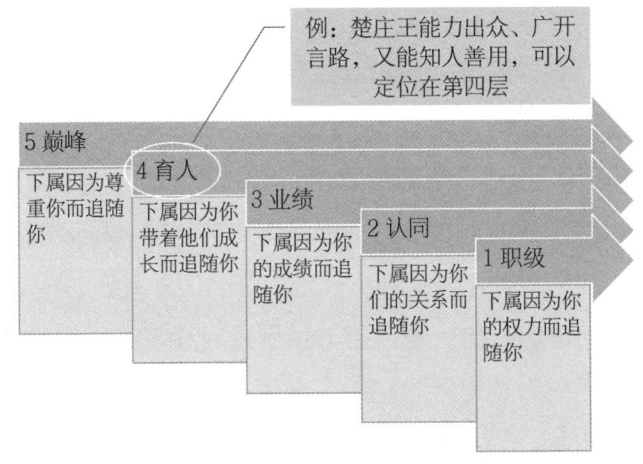

图 3-2　五层领导力来源示意图

◎ **第一层级：职级的约束**。利用职级本身的强制力管理下属是最低级的管理方式，因为此时团队成员只会在职权范围内听从指挥，导致其主观能动性大打折扣。

◎ **第二层级：关系的认同**。领导者如果坚持"以人为本"

的原则与下属相处，赢得下属好感，使彼此相处融洽，那么下属就会自愿追随管理者。不过这种基于关系的管理方式比较脆弱，容易导致团队止步不前。

◎ 第三层级：**业绩的光环**。如果一位领导在职级上"名正言顺"，在人际关系中表现出"亲和"，同时也能做出业绩，那么他的团队一定是昂扬积极的。此时的团队成员相处融洽，还能切实看到工作成效。不过这并不代表团队成员一定会忠心，毕竟能做出业绩且贤能的领导不在少数。

◎ 第四层级：**成长的希望**。有职权、有魅力且能做出业绩的领导下一步要做的就是"育人"，即帮助员工成长，给他们发展的希望。这样既可以大幅度提升成员的忠诚度，也可以保障团队的可持续发展。

◎ 第五层级：**人格的魅力**。最后，能让团队更具凝聚力的必定是人格本身就很有魅力的领导者，这样的领导最能赢得下属的信任。

总之，正如约翰·麦克斯韦尔所述，高职级未必代表真领导，那只是成为领导者的底线。真正拥有领导力的领导者一定是人格有魅力、专业水平高、沟通能力强，且值得信任的人。

因人而制方尽其用

 **原文**

天下无不可用之材,唯在于所用。

 **译文**

天底下没有不可以用的人才,无非是看你如何用人罢了。

古事记

鸡鸣狗盗

战国四公子之一的孟尝君热衷养士,其门下食客数千,鱼龙混杂。尽管如此,他们都得到了孟尝君的同等优待。

秦昭王久闻孟尝君的贤名,便想要拜他为相。可谁知,却被人劝阻道:"孟尝君此人虽然能力出众,但是他毕竟是齐国人,且与齐王同宗,如果拜他为相,他必定为着齐国的利益谋划,这样的人对我们秦国来说,很危险。"这番话不仅彻底打消了秦昭王想要封孟尝君为相的想法,还让他动了杀心,于是他把孟尝君关了起来,准备找借口将其斩杀。

为了自救,孟尝君托人找到了秦昭王的宠妃,希望她能帮忙说情。那宠妃虽然答应了请求，但也提了一个要求："我听说，你有一件价值千金的狐白裘。想要我帮你说情，那就把那件狐白裘拿来作交换吧！"可是那狐白裘，孟尝君早在入秦时就已经献给了秦昭王，如今去哪里找到另一件狐白裘呢？无奈之下，他只好向门下食客求助。就在大家束手无策时，一位擅长偷盗的门客自告奋勇冲了出来，说自己可以去取回那件狐白裘。就这样，这位门客趁月黑风高扮成狗的模样潜入秦宫，把狐白裘偷了出来。而宠妃得到狐白裘后，也如约对秦昭王吹起了"耳旁风"，成功让他释放了孟尝君。

重获自由的孟尝君生怕夜长梦多，秦昭王反悔，因此也不敢耽搁，连夜带着手下奔逃而去。果不其然，秦昭王又一次临时变卦，派了一队人马前去追捕。孟尝君一行人胜在先行一步，却不想在函谷关又遇到了新的难题。原来，依照秦国律例，只有听到鸡啼声时，函谷关才能开关放行。可是身后有追兵，他们哪里还敢多作停留？此时，另一位门客站了出来，自称能模仿鸡啼。只见他伸长脸子，捏着喉咙，"喔喔喔"地学起了公鸡打鸣，此声一出引得周遭的雄鸡都跟着啼叫起来。守关的士兵听到鸡啼声便依律开门放人，孟尝君一行人这才得以逃出秦国。

微鉴评

常言道，是金子总会发光的。这句话不仅是对那些具有真才实学，却暂时珠玉蒙尘之人的鼓舞与肯定，同时也提醒用人者要懂得珍视并善用身边的每一个人才。

就如孟尝君，他最初豢养善学"鸡鸣""狗爬"的盗贼的作法并不被外人和其他食客所理解，毕竟这二人的技能实在太微不足道，且颇有地痞无赖之嫌。好在不管外界如何评价，孟尝君始终不曾薄待二人，更未曾驱赶他们。所以到关键时刻，反而是这二位"鸡鸣狗盗"之徒救了他。到了此时，众人也才知道，原来不起眼的人用对了地方，也能发挥巨大的作用。

所以，身为领导者在选拔和任用人才时，应当秉持公正无私的态度，不拘一格，因材用人，只有这样才是真正的用人。

借助 Skill-Will 矩阵，合理调用人才

如何调用人才，才能实现效益最大化？

正如"鸡鸣狗盗"所带给我们的启示，领导者应该明确认识到，每个人都有其独特的才能和价值，只有合理调用才能实现效益最大化。实操中，可以考虑借助 Skill-Will 矩阵对下属进行分类管理（图3-3）。

在这个矩阵中，纵轴 Skill 代表下属的技能水平，横轴 Will 代表下属的工作意愿，二者结合可以将下属分为四个不同的类别：高技能高意愿、低技能高意愿、高技能低意愿和低技能低意愿。

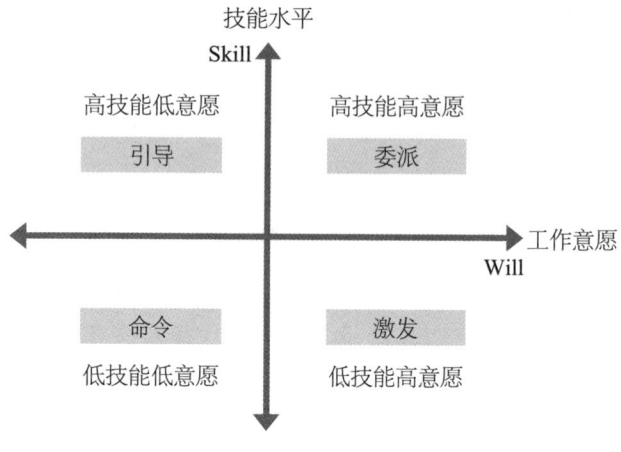

图 3-3　Skill-Will 矩阵

◎ **高技能高意愿**。面对这种能力卓越，且积极主动的下属，领导者应对其给予充分的信任，赋予他们更多自主权，使其能够最大程度地发挥主观能动性。

◎ **高技能低意愿**。面对这种动力不足，但能力出众的下属，领导者需要与他们多多进行交流，尽量激发他们的工作热情。

◎ **低技能高意愿**。对于这种技能水平尚不成熟，但工作态度积极的下属，领导者应尽量为他们创造学习与实践的机会，或组织对应培训，帮助他们快速提升能力。

◎ **低技能低意愿**。对于既不积极，能力又有限的下属，领导者在经过观察和辅导后，如若未见成效，则建议放弃。

事实上，领导也是一门人员管理的艺术，只有调配相宜，才能让各级人才在不同岗位上迸发出各自的能量。

第四 事上卷

——学会和领导相处抵得过千辛万苦

为什么领导总偏爱善于向上沟通的人?
为什么做了那么多,领导还是不满意?
所谓的向上管理管的究竟是什么?

不要把领导当洪水猛兽,
他可以是大树,你也可以是种树人。

工作中犯了错怎么办

原文

事上宜以诚,诚则无隙,故宁忤而不欺。不以小过而损大节,忠也,智也。

译文

要以真诚的态度面对上级,真诚相待才不会生出隔阂,因此宁可触怒对方也不要欺骗对方。一个忠心、聪明的人不会因为小的过错而折损大节。

古事记

饮酒不欺君

北宋时期,谏臣鲁宗道为人刚正不阿,每每遇到事情,也敢于发声,毫不拘谨。

据载,他担任谕德时,家住酒馆附近,时常到那里饮酒。有一次,鲁宗道身着便装前往酒馆喝酒,不巧宋真宗派使者去他家中宣召。使者在鲁宗道家门口等了许久,才等到他饮酒归来,那使者便问鲁宗道:"如果皇上因你晚到而怪罪你,你要怎么回答呢?"鲁宗道回答说:"当然是如实禀告!"使者闻言忙好心提醒:"如实禀告的话,你恐怕会因此获罪的!"鲁宗道却摇了摇头:"喝酒不过是人之常情,而欺骗君上却是大罪过!"

果然真宗问起了鲁宗道迟到的原因,使者把事情的来龙去脉向真宗禀明,鲁宗道也连忙告罪说:"我家中贫寒,没有杯盘,恰巧有位故人从乡下来到我家做客,我就带着他去酒馆饮酒。"

真宗听了非但没有因为迟到之事怪罪他,还连连称赞他忠诚可靠,堪当重用,再后来就将他升为龙图阁的大学士了。

微鉴评

鲁宗道坚持不肯欺君的行为看似过于耿直,实际上却是暗藏大智。

首先,宋真宗这次召见本就是临时之举,并非他在工作时间耽搁了事务,所以也算情有可原;其次,虽然真宗不知,但毕竟世上没有不透风的墙,为这样的小事欺君罔上,一旦事发反而得不偿失;再次,如果未来欺君事发,那么真宗心里难免会种下怀疑的种子,只怕每次听他禀报事务时,都会在心中暗自揣度其言语的可信度。久而久之,君臣隔阂势必越来越深。

所以立身处世要分得清轻重,很多时候犯错不要紧,解决问题才是关键。与其遮遮掩掩,还不如诚信以待,以免折损了自己的人品和在他人眼中的形象。

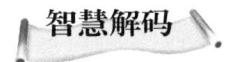
智慧解码

做好错误管理,及时弥补错误

职场中出了错怎么办?

人不是机器,出错在所难免。与其因犯错而内耗,不如及时做好错误管理,尽量降低错误所带来的影响。你可以这样做:

◎ **评估错误情况**。发现错误后,我们首先要评估错误的具体情况。有的错误无伤大雅,及时改正即可;有的错误影响面较窄,优先级也较低,可稍后改正;有的错误影响面较广,就要及时遏制错误蔓延,然后再进行修复。

◎ **敢于承认错误,勇于承担责任**。对于上级领导来说,比下属犯错更严重的是其掩盖或推卸责任。出错是能力问题或一时粗心导致的结果,而掩盖错误和推卸责任就是人品上的瑕疵,会让人对你的诚信和人品产生质疑。

◎ **积极补救**。认错固然重要,但能够采取相应行动进行补救无疑更为重要,如修正原有策略、寻找切实可行的替代策略、向受影响者提出补偿方案等。

◎ **及时汇报**。在补救环节,及时汇报也同样重要。对于影响面较小的错误,可以选择在修正错误后,向领导汇报解决方案及成效;对于影响面较大的错误,可以准备几个切实可行的解决方案,阐述预期效果及优劣,供领导选择。

职场中,犯错不可避免,但并不可怕,只要及时弥补,避免重复犯错,一般都能得到谅解。

不要漠视领导权威

原文

不欺上,亦不辱君,勉主以体恤,谕主以长策,不使主超然立乎显荣之外,天下称孝焉。

译文

面对上级时,要做到不欺瞒他,也不使他受辱。站在领导的立场勉励他,为他做长远谋划来启发他,不让他置身于荣耀和显贵之外,天下人都会称赞你了。

古事记

李时勉气死皇帝

明成祖朱棣在位时曾颁布法令,广开言路,希望大臣们多多进言。于是,谏臣李时勉针对时事,罗列了十五条谏言上呈给明成祖。彼时明成祖一心想迁都北京,而李时勉却强烈反对,并在奏疏中列举了诸多理由,忤逆了明成祖的意愿,气得明成祖把他的奏疏全部丢弃在地。但是,考虑到李时勉的奏疏里尚有许多中肯的建议,明成祖便把奏疏捡起来并最终采纳了其中的一些提议。

后来明成祖去世，明仁宗即位。李时勉依旧直言进谏，他当众批评仁宗在为成祖皇帝服丧期间不避女色，劝诫仁宗皇帝"不宜近嫔妃"。仁宗一时怒不可遏，把李时勉叫到偏殿，令其为自己澄清情况，谁知李时勉毫不退让，并不愿为仁宗遮羞。于是仁宗皇帝恼羞成怒，令手下的武士用金瓜重打李时勉，李时勉被打断三条肋骨，当场晕厥，几近死去，挨打之后还被投入监狱。

没多久仁宗皇帝便身患重病，卧床疗养。在养病时，他仍念念不忘遭李时勉当众揭短之事，满怀怨气地对左右说道："李时勉当众羞辱我。"说完更是感觉气急攻心，当晚便咽了气。

微鉴评

李时勉劝说仁宗是在尽臣子本分，臣子进言并不是错。他的错在于没有站在仁宗皇帝的角度思考，竟将仁宗皇帝的宫闱秘事公之于众，不给仁宗留一丝面子。且在仁宗羞愧难当时，还不知收敛，偏要把仁宗最后的遮羞布也撕掉。全然忘了自己进言只是为了劝其远离女色，并非有意让主上难堪，更不是存心为了气死对方。

诚然，仁宗行事不妥，李时勉进言也是恪守谏臣职责。但是作为臣子，让君主感到羞耻万分本就是一种过错。向君主进言可以娓娓道来，也可以暗喻讽谏，唯独不应将君主置于羞愧难堪的境地。结果就是仁宗到了临终前，仍念念不忘此事，可见其内心多么介怀！

推而论之,当我们向他人提建议时也应当注意场合和措辞,牢记自己提建议的初心,避免让人难堪。

智慧解码

尊重维护领导权威,做好向上管理

如何与领导相处?

没有一个领导者能接受下属挑战自己的权威。当然,也有些人,如李时勉一般,本意并非挑战领导权威,却总在不经意间把自己推向领导的对立面。要想避免这种情况,你应该这样做:

◎ **认清角色,摆正位置**。任何时候,身为下属都应该摆正自己"被管理者"的位置。在领导做决策时,下属可以提建议,也可以持反对意见,但一定要注意态度和方式,尽量选用相对温和、委婉的态度,以探讨的方式与领导进行沟通。要给足领导尊重和面子,切忌当众让领导难堪。

◎ **学会及时汇报**。每个领导都需要对自己的"领土"有绝对的掌控感,所以不要让自己成为"失控"的那一环,而避免这种"失控"最好的方式就是及时汇报。不要被动地等领导过问,而要主动让领导知道你最近在做什么、工作有什么进展、接下来有什么计划等。

当你能做到尊重和维护领导的权威时,自然也就能做好向上管理。

上下一心方可成就大事

原文

荣辱与共,进退以俱,上下一心,事方可济。骄上欺下,岂可久长?

译文

共同享受荣华,共同承担耻辱,同进同退,上下级之间齐心协力,才可能取得事情的成功。一边傲慢地对待上级,一边坑蒙欺骗下级,这样的人怎么能够长久呢?

古事记

陈平间范增

汉高祖四年,楚汉之争进入白热化阶段。项羽将刘邦困于荥阳整整一年,还断了城中粮草。为了解围城之困,刘邦的谋臣陈平对项羽设下反间计。他在外散播谣言道:"楚王所有手下中数范增与钟离眛最为得力,可他们却迟迟未能称王,如今他们已与汉王结盟,只待将来杀了楚王,就可以瓜分楚国天下了。"项羽听了这些谣言,果然不再信任两人,许多大事都不再与他们商议。

这还不够,这日,趁项羽派使臣来访的机会,陈平又一次设下离间计。他先让手下准备好精致的碗筷送进使臣房中,再将其请到上座,行为举止十分恭敬,接着又多次问起范增的近况,言语间流露出对范增的无限欣赏,最后附在使臣耳边小声问道:"不知道亚父有什么事情要交代?"使臣十分不解:"我们是奉楚王之命而来,并非亚父的人!"陈平闻言,故作震惊道:"我还以为你们是亚父派来的呢!"说罢,他对使臣的态度急转直下,不仅不再恭敬,还让人把好菜好酒全都撤走。

使臣受了屈辱,十分不满,一回到楚王身边就将事情悉数禀告。如此一来,项羽更加怀疑范增,对于他的进言也不再采纳。几日后,范增听到了外界谣言,他知道自己已经很难再获得项羽的信任,就向项羽请辞告老还乡。项羽丝毫不顾往日情分,竟爽快地答应了。范增对此十分伤心,此后心中常觉郁郁,最终死在了回乡路上。至此,西楚霸王项羽彻底折损了自己唯一的谋臣。

微鉴评

范增一心一意为项羽的霸业出谋划策,希望助其成就千秋伟业。然而,他的忠诚与才智,却并未得到项羽的信任与赏识,反而被疏远、被猜忌,真是可惜可叹。

项羽惨败的结局或许在他中离间计时就已经注定。因为霸业并不是一个人就可以成就的,它需要的是一群人为了共同目标而努力奋斗。在奋斗过程中,上下一心至关重要。只有领导者和下属成员彼此信任，才能汇聚力量，共同应对挑战，最终成就一番伟业。而散沙一般的团体，即使拥有再多的才智与资源，也难以逃脱失败的命运。

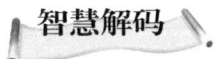
智慧解码

及时反馈，取得领导信任

身为下属，如何才能得到领导的信任？

在团队作业中，上下一心是领导者和下属的双向责任。在这一过程中，信任尤为重要，如果彼此之间缺乏信任，那么上下一心便无从谈起。从下属的角度来说，要想取得领导信任，除了不断提升自身实力、积极完成任务外，还有一件重要却经常被遗忘的事情，那就是及时反馈。针对这点，你应该这样做：

◎ **定期反馈**。可以根据进度或领导的要求，定期向领导汇报相关进展，如每周、每月或每个项目阶段结束后。

◎ **重要节点反馈**。在重要节点，如工作启动、关键目标达成、出现重大问题等时机，要及时向领导反馈。

◎ **领导要求反馈**。当领导明确要求反馈时，要按照要求的时间和方式进行反馈，避免拖延。

很多人习惯埋头做事，而忽略了及时反馈的重要性。殊不知领导者在缺乏反馈的情况下，很容易产生焦虑和失控的情绪，久而久之就会给你打上不靠谱的标签，你们之间的信任也会在这样的过程中一点点崩塌。

真诚永远是必杀技

原文

攻城易,攻心难。故示之以礼,树之以威,上也。上怨报之以德,上毁报之以誉,上疑报之以诚。隙嫌不生,自无虞。事君以忠,不涓细流。待人以诚,不留小隙。

为上计,不以小惠,而以长策。小惠人人可为,长策非贤者不能为之。故事之以谀,不如进之以忠。助之喜,不如为之忧。思上之所思,而虑其无所思;为君谋利,不如为君求安。思之深,而虑之远。锦上添花,不如雪中送炭。

译文

攻克城池容易,得到人心却很难。因此最上等的计谋是以礼相待,树立威严。当上级埋怨你时,就用德行来回应对方;当上级诋毁你时,就通过赞誉来报答对方;当上级猜忌你时,就以诚恳的态度来答复对方。消除了彼此的嫌隙,自然就能相安无事。对待上级要保持忠心,即使再小的细节也不能忽略;待人要诚恳,即使再小的间隙也不能留下。

为上级谋划的时候,不应只注重小利,而要从长计议。小恩小惠人人都能谋取,但是长远之计却只有贤能之人才能规划。

因此用阿谀奉承来讨好上级，远不如忠心待他；让他高兴，不如为他解除忧患。想他所想的同时，还要兼顾他所忽略的地方；为君主谋取利益，不如保他周全。想得越深，就越能做足长远打算，锦上添花，比不上雪中送炭。

古事记

周举报恩

东汉时，周举在尚书令左雄的举荐下升迁为尚书。不久，左雄又向朝廷举荐冯直为将帅，谁知周举却以冯直曾因贪污获罪为由弹劾左雄举荐失当。周举的弹劾很快引来了众臣的非议，就连左雄自己也后悔不已。

为此，周举对左雄道："晋国大臣赵宣子曾举荐韩厥为司马，可秦晋大战中，赵宣子的专车无意冲撞了自家军队，身为司马的韩厥却丝毫不顾往日情谊，按军法处置了赵宣子的车夫。当时许多人都谴责韩厥，唯独赵宣子高兴地说：'你们应该恭喜我，韩厥的做法恰恰证明了我所举荐的人才刚正不阿！他没有辜负我的期望！'"说完，周举看向左雄："您是因为看中我的能力才举荐我，我又怎能做出曲意迎合的事情给您蒙羞呢？难道您的气度比不上赵宣子吗？"

左雄也是个忠直识大节的人，一听这话幡然醒悟，说道："我曾受冯直父亲的照拂，私下又与冯直交好，这才举荐他为将帅。这本来就是我举荐不当，你弹劾我是正确的。"经过此事，两人也结成了惺惺相惜的至交好友。

微鉴评

周举在向上检举前,必定也知道这样做会得罪恩师,但是他却还是做了,既是为了心中的正义与肩上的职责,也是为了不愧对恩师的举荐之恩。当左雄真的因为此事与他生了间隙时,他既没有以巧舌如簧来粉饰太平,也没有狡黠辩解以图一时安宁,而是以古论今。这番话既有对自我信念的坦诚剖白,也饱含着对左雄的敬意与肯定,师生之间的隔阂也就烟消云散了。

消除误会不必献上厚礼或痛哭流涕,一切套路都比不上一颗诚挚的心。唯有真诚才是化解误解与隔阂的最强力量。

智慧解码

约束言行举止,让人感受真诚

真诚是对方的主观感受,但并不意味着我们不能人为进行干预。在人际交往中,我们可以从以下几个方面努力。

◎ **认真倾听对方发言,给予对方充分关注和回应**。没有倾听做基础的沟通,会让人感到敷衍和不适,也就很难感受到真诚。

◎ **在沟通时,避免隐瞒或夸张**。不要为了迎合对方而说违心的话,不要过度使用赞美之词,尽量委婉而坦诚地分享自己的真实观点,即使这个观点与对方不同。

◎ **诚实守信,一旦做出承诺,就要尽力去履行**。一个诚实守信的人才能让人感受到真诚,如果因故无法兑现承诺,也要及时向对方说明并道歉。

——聪明的人不会选择『硬刚』

第五

避祸卷

为什么高手往往看起来平平无奇?
太聪明为什么反而容易误人性命?
怎样才能把自己的命运握在手里?

木秀于林,风必摧之。
锋芒毕露往往不是好事,这是亘古不变的道理。

高人都懂得示弱

原文

廓然怀天下之志,而宜韬之以晦。牙坚而先失,舌柔而后存。柔克刚,而弱胜强。

译文

心怀谋取天下的志向,就应当学会遮掩自己的光芒。牙齿坚固却是最先掉落的,舌头柔软却能永久地保存下来。柔能克刚,弱也能赢强。

古事记

刘备闻雷佯怯

刘备曾投靠于曹操门下,那时他的羽翼尚未丰满,不足以与曹操抗衡,便只能收起锋芒,每日守着菜园度日。不过,曹操这个人向来多疑,尤其在知道刘备是中山靖王的后人后,便更想要试探刘备的底细。

这日,正值青梅成熟时,曹操邀刘备到园中煮酒共饮,两人一边品着青梅酒,一边闲聊。忽然曹操话锋一转,问道:"玄德兄，你觉得如今这天下有谁能称得上英雄？"刘备生怕被猜忌，只好支支吾吾，顾左右而言他。曹操见状端起酒碗，豪迈地指了指自己，又指了指刘备说："我认为，如今的天下，能称得上英雄的无非就你我二人罢了。"说完就望向刘备，等着他接话。

说来也巧，此时天空正好响起一声惊雷。刘备立刻装作受惊的样子，连手里的筷子也掉落在地。"玄德兄，你这是怎么了？"曹操好奇地问。刘备闻言才回过神来，一边弯腰拾起筷子，一边长舒一口气说："这么大的雷声真是吓坏我了！难怪连孔子这样的圣人也害怕打雷。"曹操听罢哈哈大笑："男子汉大丈夫怎么能害怕打雷呢？"话虽如此说，但曹操的心也随之稍稍放了下来，因为他认定刘备不过是个懦夫，不足为惧。

再后来，曹操渐渐对刘备放松了防范，而刘备则趁机向曹操讨了一支军队，嘴上说是要讨伐袁绍，实则自立门户而去。

微鉴评

乱世纷争中，曹操要想独占鳌头，就要清楚地了解对手的情况，毕竟两方博弈讲究知己知彼。刘备身为汉室宗亲自然成了曹操关注的对象。若刘备颇具才能，又富有野心，那么他只需依靠汉室宗亲的身份，再假借匡扶汉室的名义就能轻而易举地顺势而起。这就是曹操借青梅煮酒试探刘备的原因，他要看刘备是否有称霸天下的野心与志向。如有，那他一定会趁现在的绝佳时机，斩草除根。

刘备自然也深知这一道理，所以自投奔曹操之后便开始韬光养晦,一心扑在浇地、种菜等农务上,佯装自己是一个庸人,以此保全自身。然后又在曹操谈论天下英雄时装出被惊雷吓到的模样,企图让曹操误信他是一个怯懦、不堪大用的人,从而消除曹操对他的敌意和戒备心,如此一来,他就安全了。

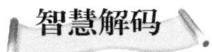

智慧解码

自然示弱,展现真实和谦逊

如何示弱更自然?

有的人为了示弱,会过度自我贬低或夸大自己的困境,殊不知用力过猛,可能会产生适得其反的效果。如何自然而不做作地示弱是个值得探讨的问题。你可以试着从以下几个方面入手:

◎ **从自己的弱项入手**。在面对自己不擅长的事情时,无需硬撑,也不要害怕暴露自己的短板,不妨在合适的时机表达自己的困惑,这种示弱会让我们显得真诚和坦率。

◎ **从自己的脆弱面入手**。在不完全暴露自己弱点的前提下,选择适当的时机,用平和的语气分享自己的小缺点或失败经历,这种示弱能够引起他人的共鸣,增进彼此之间的情感联系。

◎ **从求助入手**。当需要向他人求助时,不要犹豫或拖延,主动寻求帮助不仅能够解决我们面临的问题,还能增强他人的信任和依赖。

不要害怕示弱,示弱的本质不在于博取同情,而是为了展现我们的真实和谦逊,是建立在真诚和自信基础上的自我暴露。

人心不可窥探

 **原文**

人心有所叵测,知人机者,危矣。故知微者宜善藏之。

 **译文**

人的内心难以预测,能够洞察别人心思的人处境危险。因此,即使能够从细枝末节推测别人的想法,也应当妥善隐藏。

古事记

杨修之死

三国时,曹操与刘备曾对峙汉中,两军僵持许久,迟迟难分胜负。曹操眼见军情胶着,进退两难,心情十分烦闷。这日他正盯着碗中的鸡肋思索应对计策,恰巧有士兵来问晚间口令,他在恍惚间竟脱口而出:"鸡肋!"行军主簿杨修听说口令是"鸡肋"后,就命人立即收拾行装,准备撤兵。夏侯惇见状忙问杨修缘故。杨修答道:"鸡肋这个东西吃起来没有肉,丢掉又可惜。如今丞相看似以'鸡肋'为令,实则对应的是眼下进军难胜,退兵又怕惹人笑话的情况,想来丞相明日一定会下令班师回朝，我们不如早早收拾好行装等待军令吧！"这事没多久就在军中传开被曹操听到，他得知是杨修在背后曲解"鸡肋"的含义，不由得勃然大怒，随即以扰乱军心为由下令斩了杨修。

事实上，曹操早就有了杀杨修之心，所谓扰乱军心不过是借口罢了。究其根本主要还是因为曹操本就多疑，而杨修此人最擅长揣摩人心，又不懂藏拙，早前就曾多次揣测他的心意。

譬如有次，曹操兴致勃勃命人修建了一座花园，可是等到落成后，却未加点评，只在花园的门上留下了一个"活"字就离开了。工匠们面面相觑，不知如何是好。杨修见了就在旁边提点道："'门'字里加上'活'字就是'阔'字，丞相这是嫌花园的门过大了。"于是工匠们依照杨修所说重新修建了花园门。待到新的花园落成后，曹操果真十分喜欢，满意之余，他又问道："是谁读懂了我的意思？"左右都回答是杨修。曹操虽表面赞不绝口，但心中却有些嫉妒。

又有一次，有人献给曹操一盒酥。曹操在那盒上写了"一合酥"三个字后就随手放在桌上，哪知杨修见了竟拿了勺子与大家一人一口分着吃完了。曹操问他为什么这么做。杨修答："您在盒子上写了'一合酥'不就是一人一口酥的意思吗？我们不敢违令，所以就分着吃完了。"曹操听了哈哈大笑，心中却更加厌恶杨修了。

再有，曹操为人多疑，总担心有人趁他熟睡时取他性命，便时常叮嘱左右说："我梦中喜好杀人，所以你们不要在我睡觉时靠近我。"这日曹操在帐中睡觉，不小心将被子踢落在地，侍从见状连忙捡起，想帮他重新盖好。可谁知曹操竟乍然跳起，一剑杀了那侍从，然后继续昏昏睡去。等到半夜，他才悠悠醒来，佯装吃惊地问旁人："我的侍从为什么死了？"左右只好如实告知。曹操听罢，痛哭流涕，让人厚葬了那名侍从。这事过后，人人都以为曹操真的如他所说梦中喜好杀人，只有杨修在侍从下葬时叹息道："这哪里是丞相在梦中，分明是你在梦中呀！"曹操辗转听到这话，心中对杨修的厌恶更添了一分。

微鉴评

许多人将杨修给自己招来杀身之祸的原因总结为三：其一，曹操留下字谜，却被杨修轻易看破心思，不免有才高盖主之嫌，自然容易引来妒才的曹操的不满；其二，曹操自称好梦中杀人，杨修却还要道破玄机，自然令曹操倍感厌恶；其三，曹操受"鸡肋"困扰左右为难，杨修却直接揭了曹操的遮羞布，落了曹操脸面，自然更受曹操记恨。

其实杨修之死还有很大一部分原因在于，他除了能轻易揣度出曹操的心思，而且还常常将之公之于众，这给了曹操很大的不安全感。许多人认为猜中别人心思等于"善解人意"，可以拉近双方关系。其实没有人会喜欢别人擅自揣测他的心思，因为那样会让他感觉自己的隐私被窥探或侵犯。更遑论小心思被公之于众。由此可见，是杨修将自己一步步逼进了必死之局。

> 智慧解码

保持适当距离，把握心理边界

如何把握与人相处时的边界感？

人际交往中，每个人都存在着一定的心理边界意识，一旦这种心理边界被过度干涉或侵犯，人们就会感到不适，甚至愤怒。因此，那些懂得把握边界感的人，往往更能在人际关系中游刃有余。那么，如何把握与人相处时的边界感呢？

◎ **尊重他人空间**。在人际交往中，尊重他人空间是保持边界感的重要表现。不管在物理层面还是心理层面，都要给予对方足够的尊重和自由，避免过度干涉或侵犯他人的隐私和权益，保持适当的距离和尊重。

◎ **保持包容的态度**。世界上没有完全一样的两片叶子，我们应该理解并包容每个人在性格、习惯与价值观等方面的差异，不要按照自己的喜好苛求对方。

◎ **不把他人当作谈资**。日常生活中，在涉及他人信息的话题上，注意三缄其口，不可将他人的隐私作为茶余饭后的谈资。尤其在面对一些未经证实的信息时，更要保持谨慎的态度，不要轻易相信或传播。

学会把握与人相处时的边界感，既是对他人的尊重与理解，也是对自己的保护。

治病养病不如防病

原文

考祸福之原，察盛衰之始，防事之未萌，避难于无形，此为上智。祸之于人，避之而不及。惟智者可以识其兆，以其昭昭，而示人昏昏，然后可以全身。

君臣各安其位，上下各守其分。居安思危，临渊止步。故易曰潜龙勿用，而亢龙有悔。

译文

最上等的智谋是思考福祸的根源，探察盛衰的开端，在事情发生之前先采取预防手段，在危难还没到来时就避开它。面对祸事，大部分人都难以躲避。只有智者能够提前发现祸事的端倪，保持头脑清醒的同时，对外装作一副懵懂无知的样子，然后才可以保全自己。

君臣之间各自安守自己的位置，上下级之间各自恪守自己的本分。在安逸的环境下要多多思考危机，一旦靠近深渊就要及时停下步伐。所以《易经》中说"潜龙勿用，亢龙有悔"。

古事记

魏文王问扁鹊

有一日,魏文王向扁鹊问道:"你们兄弟三人都是名医,那么究竟谁的医术更胜一筹呢?"扁鹊回答:"我大哥的医术最好,其次是我二哥,而我的医术最差。"

魏文王又问:"那么为什么你的名声最广,而你的兄长们却不如你有声望呢?"

扁鹊答道:"那是因为我大哥为人治病的时机是在病情发作之前,在病情还未显露之际就已铲除病因,病人们并不知情,所以他精湛的医术一直不为他人所知;我二哥为人治病的时机是在病人病情刚刚发作的时候,因为病情初起就被治愈,所以病人们都以为只是小病,这也使得我二哥的医术被外人大大低估了;而我往往是为重病之人治疗,由于病人们常见我施针放血,救人于病危之际,所以都觉得我医术高明,能妙手回春。久而久之,虽然我的医术不如两位兄长,但是名气却是最大的。"

微鉴评

扁鹊的话为我们揭示了一个误区:只有能够力挽狂澜的人才称得上能力出众。人们常常忽略防微杜渐的重要性,这也就是为什么扁鹊的两个哥哥的能力被大大地低估。

事实上,我们既要承认力挽狂澜、救人于危急之际的关键性,也要看到防患于未然的重要性。于事前解决危患,则风险可控；待到事后补救，则无异于刀尖舔血，危险异常。日常生活中如若能做到防微杜渐，将危险扼杀在摇篮中，那么后续的许多麻烦都将不复存在。

智慧解码

防患于未然，做好风险应对

如何提前做好风险应对？

古人所说的"君子不立危墙之下"，其实对应的正是现代风险管理中的"风险规避"，即对于那些无可挽回的高发生率、高影响程度的风险，采取放弃或回避的方式可以直接从根源上避免风险的发生。但事实上，很多时候直接放弃并不现实，这时候就需要酌情考虑采取以下两种风险应对策略。

◎ **风险降低**。采取加强控制、提高干系人素质、选用新手段等方法，尽可能降低风险发生的概率。同时，提前做好应急预案或补救措施，为风险发生做好兜底处理。

◎ **风险转移**。在风险无法完全避免或降低的情况下，考虑采取风险转移策略，将风险转移给其他方，如购买保险、签订合同等。

无论如何，都不要等到危险近在眼前时才慌忙寻求解决方案或补救措施，防患于未然总比事后补救好。

藏拙的智慧

原文

夫利器者，人所欲取。故身怀利器者危。宜示之以无而去其疑，方无咎。不矜才，不伐功，不忘本。为人以谦，为政以和，守其常也。

译文

每个人都想要得到锋利的武器，因此身上携带利器的人处境十分危险。最好要暗示别人自己并没有利器，以消除对方的疑虑，这样才没有祸患。不炫耀自己的才华，不夸耀自己的功绩，不忘记自己的根本。谦逊对人，平和为政，才能守得住长久。

古事记

"不慧"皇帝李忱

唐宣宗李忱因生母身份卑微，从小就不受眷顾，备受欺辱，久而久之就养成了沉默寡言的性子，被宫里人认为"不慧"。

相传他在十多岁时曾身染重病，就在沉疴难愈之际，忽然有道金光从天而降将他笼罩其中，他随即从床上翻身跃起，恭敬端正地向前拱手作揖。他的乳母将这一奇怪举动视为一种"心病"，而其兄长穆宗李恒却说道："他有这样的举动是因为他为人英明，绝不是心病所致。"说完就将玉如意、御马和金带等物赏赐给了他。尽管穆宗如此说，但宫中人依然认为李忱"不慧"，而他的侄儿李昂、李炎二人更是从未将他放在眼里，经常强迫他说话，戏弄他，取笑他，言语间十分轻慢无礼。李忱对此也从不反抗，只是一味默默忍受。

到了会昌六年，唐武宗病危。此时唐朝政权空悬，宦官马元哲为能把持朝政，决定将看起来软弱可欺的李忱推上皇位，让他当个任人摆布的傀儡。于是他假传诏书，将李忱定为未来的皇位继承人，静等武宗驾崩就让李忱登基称帝。不料，李忱登基后一反原来痴傻"不慧"的模样，决断朝务果断利落，马元哲的如意算盘落了空。众人这才恍然明白李忱的"不慧"都是装出来的。

微鉴评

历来皇位之争总会在朝堂上掀起腥风血雨，锋芒毕露的人往往容易身陷险境。这种情况下，对于那些自身家世背景不够雄厚的人来说，藏拙才是最明智的举动。李忱就是秉持这样的生活方式，才得以存活下来。他的母亲显然也是一个懂得藏拙的智者，在这样的耳濡目染下，李忱颇能忍辱负重，沉稳地守拙多年。虽然在成长过程中他曾屡次因"不慧"而受到欺辱，但这些短暂的屈辱比起丢了性命自然显得无足轻重。

后来宦官马元哲选择扶持李忱也是看重他的"不慧",以为能够培养出一个为自己所用的傀儡皇帝,却不想亲手捧起的这个"不慧"皇帝竟会成为唐朝的希望。

智慧解码

把握藏拙分寸,不树敌不埋没

如何把握藏拙的分寸?

在现代社会复杂的人际关系和激烈的竞争中,锋芒毕露会带来许多不必要的麻烦和误解,聪明人往往会选择藏拙。但是藏拙并不是一把万能钥匙,过分藏拙,不懂得表现自己,也会被人群淹没,最终导致错失机会。由此可见,藏拙也需要把握分寸,你可以试试这样做:

◎ **在陌生的环境下,耐心倾听,细心观察**周遭的人和事,判断环境的安全性,以此作为是否藏拙的判断标准。

◎ **发表见解时,保持谨慎的态度**,并且措辞上也应尽量保持客观谦虚。

◎ **避免在不熟悉的领域高谈阔论**,以免过分引人注意,成为众矢之的。

◎ **从态度到行为举止,都要保持谦逊**,不要盲目争强好胜,减少树敌的可能性。

藏拙只是一层基础的保护色,还需注意不要过分藏拙,以免错失机会,适得其反。

看得远才能走得远

原文

必欲图之,勿以小惠,以大德;不以图近,而谋远。

译文

一定要得到的情况下,就不能只用小恩小惠去谋取,而要靠大的德行去感化。不要只顾眼前利益,而要为长远规划。

古事记

孔子评子路救人

春秋时期,鲁国为鼓励大家为被贩卖至他国的鲁国人赎身,制定法令:为人赎身的人回来后可以去官府照价拿回赎金。

一日,孔子的学生子贡在邻国见到被贩为奴的鲁国人,便出钱为那人赎了身,但回到鲁国后,子贡却没去官府拿回赎金。人人都夸子贡心地善良,品德高尚,子贡也为此沾沾自喜。谁知孔子得知后却并未夸赞他,而是把他骂了一顿。子贡不解地问道:"我明明做了好事,老师为何大骂我?"孔子说道:"你这样做看似是做了好事,实际上却大大坑害了鲁国奴隶。道理很简单，你用自己的私钱赎回了被贩卖为奴的鲁国人，人人都夸你品德高尚；那么将来其他人再看到被卖作奴隶的鲁国人时，即使有意为那人赎身，也会因你今日的所作所为而却步，因为他们担心赎人后去官府拿回赎金的行为会惹人非议。你说你这样的做法是不是无利反而有害？"子贡点头称是。

后来有次，孔子的另一位学生子路沿路救起了一个失足落水的人，获救者的家人送了子路一头牛以作酬谢，子路也坦然接受了。其他人见后纷纷议论道："怎么救人还能收酬礼呢？"孔子知道后却对子路大加赞赏道："你这样做能让人们知道原来救人可以获得酬金，那么未来就会有更多人尽力救人。"

微鉴评

子贡一心想着做善事，却只注重眼前的好坏，没有想过世上虽然确实存在与他一样一心向善，愿意无偿为别人付出的人，但更多的人只愿意在不损害自身利益的前提下做善事，所以他拒收赎金的做法从长远来看容易导致好心办坏事。相反，子路救人并收受酬金这件事眼下会使他陷入非议，但正如孔子所说，有了他这样的先例，未来会有更多人乐于救人。

看一件事情的好坏不应该只看短期利益，而应为长远而规划。有的事放在眼前看是好事，但是长远看却弊大于利，那么这些事就不应该去做；有的事暂时无益，但对长远发展大有裨益，那么就是值得做的事。

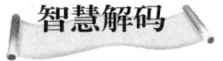
智慧解码

通过升维思维，使解决方案更具拓展性

要想在生活中培养思维和解决方案的拓展性，就要学会用心理学上的升维思维的方式去看待眼前的事情。简单来说就是：用1维的解决方案处理0维的事情，用2维的解决方案解决1维的问题……以此类推（图5-1）。

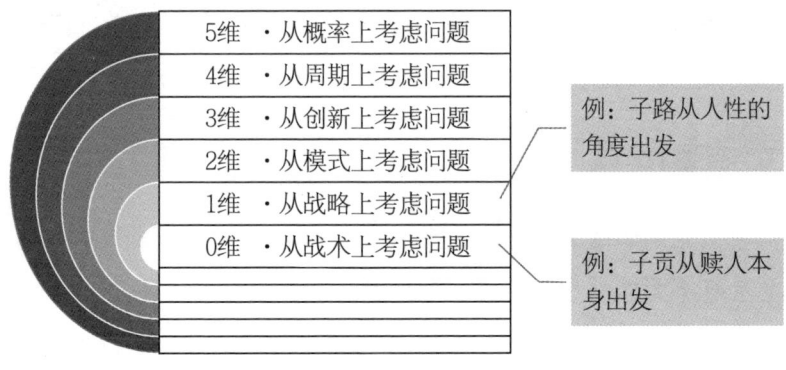

图5-1 升维思维

以子贡和子路的故事为例，子贡用0维的思维解决问题，所以他只看到赎人这件事本身，围绕着赎人这件事，他能做的只有拒绝领回赎金；而子路用1维的思维解决问题，所以他能由此及彼地想到他要救的不只是眼前一个人，而是着眼于让更多落水者得救，所以他接受了礼金。当然更高维度的解决方案，则可能是从落水或者鲁人被贩卖为奴的事情本身出发去思考解决方案，当无人落水、无人被贩卖为奴时，自然也就不存在救赎了。

聪明人把命运握在自己手里

**原文**

恃于人者不如自恃。自恃者寿，自足者福。顺天应人，故常在。

**译文**

依赖别人不如依靠自己，依靠自己才能守得住长久，知足的人才能感到幸福。顺天应人，所以能够长久。

**古事记**

楚文王借蔡灭息

春秋时期楚文王为政期间，楚国势力如日中天。位于汉中东面的小国都臣服于楚国之下，唯独蔡国仗着自己与齐国的联姻关系，不肯向楚国屈服。楚文王因此大为不满，总想寻机歼灭蔡国。

彼时，蔡国与息国因姻婚关系相处十分融洽，经常相互走动。直到一次，息侯夫人息妫因路过蔡国时受到了无礼的对待而大为恼火，回国后便在宫中怒骂蔡国，连带惹得息侯也对蔡国生了龃龉。

楚文王得知这一消息很是高兴，在他看来，眼下正是歼灭蔡国的大好时机，于是他命人与息侯取得了联系。息侯也有意借楚国势力羞辱蔡国，便向楚文王献计说："不如楚国先假装讨伐我们息国，我再假意向蔡国求救。想来蔡国国君应该会出兵来解我国之困，那时我们就合力围剿蔡国，势必可以取得成功！"楚文王听完心中大喜，便依计遣兵假意伐息。正如息侯猜测的一般，蔡侯得知消息后果真挥兵来救，全然不知是计。可等到大军来到息国城下时，息国却直接关闭了城门，任由楚军围剿他们。蔡军因此大败，蔡侯也成了楚文王的俘虏。

蔡侯被俘后愤恨不已，对息侯更是深恶痛绝，于是就向楚文王挑唆道："息侯夫人是个风华绝世的美人！"楚文王为人好色，自然也想一睹美人风采，于是就借口巡视，带着兵来到了息国国都。息侯不知大祸将至，还亲自相迎，并特地为楚文王设宴庆贺。宴席上，息侯夫人向楚文王敬酒，那惊世容颜果然迷乱了楚文王的心智。次日，楚文王提前设下伏兵，然后假借酬谢宴之名，将息侯当席捕获。就这样，息国很快也被楚国歼灭了。

微鉴评

息侯的故事无疑是对引狼入室的生动诠释。除此之外，我们还发现了另外一个问题，那就是他过分依赖外力，而忽视了自身实力的增强。

在他的治国理念中，似乎总是寄望于通过外交手段，或是借助他国的力量来维护国家的安全与稳定。譬如,他最初依靠姻亲关系与相对强大的蔡侯交好,这才得以凭弱小的国力勉强在乱世中存活。但在与蔡国产生龃龉时,他也还是因为自己国力太弱,无法直接与之对抗,于是只能借刀杀人。这一计看似聪明,可结果却是,跟在蔡国覆灭之后,息国也成了楚文王的盘中餐。这是因为他错估了借刀杀人的作用,在自己能力不及情况下的"借刀",终将遭遇"刀"的反噬。

正如古人所云:"靠人不如靠己。"若只知依赖他人,而不致力于自身的强大与独立,终将在风雨飘摇中失去立足之地。

结合思维导图,高效实现自我提升

如何高效实现自我提升?

自我提升并不是漫无目的地埋头苦学,而是要学会运用科学的方法进行学习。以学习繁杂的知识体系为例,如果能够结合思维导图进行知识梳理,结果将会事半功倍(图5-2)。具体你可以这样做:

◎ **明确中心主题**。在纸张中心位置,写上你所学习内容的中心主题。比如管理学、历史学等。

◎ **罗列分支子主题**。自中心主题发散出与中心主题相关的一级子主题。发散时,同一层级的子主题需围绕同一维度进行发散。例如,以管理学为中心主题,既可以按照是什么、为什么、怎么办来拆分,也可以按照管理进程来拆分。

◎ **细化子主题**。在每个一级子主题下,继续添加与各个一级子主题紧密相关的次级分支。同样的,这一层级的子主题也要围绕同一维度进行发散。

◎ **持续细化**。不断细化分支,直到涵盖所有你想要学习的内容。一般而言,思维导图以 3~4 层为佳,避免层级架构过分冗余。

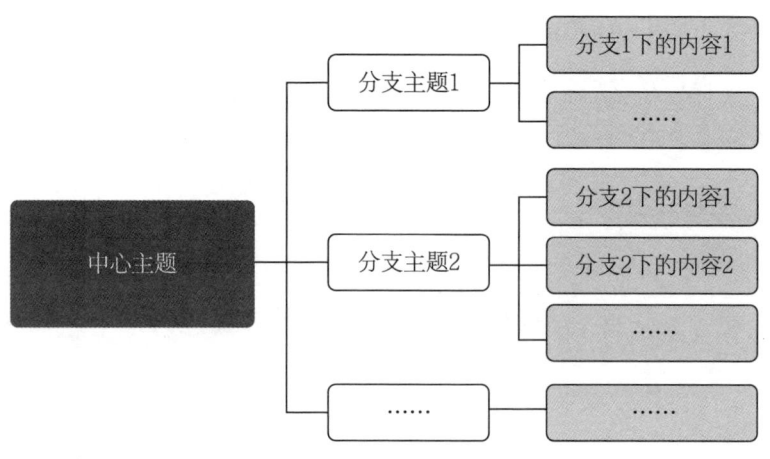

图 5-2　思维导图

这时候再回头看就会发现,原本零散的知识点变得更加直观,也更加体系化,有助于学习者更好地把握整体知识点。

君子不立于危墙之下

原文

自爱者重。危房不可近,危邦不可入。明珠必待识者,宝剑只酬壮士。以贤臣而事昏主,危矣。故明主则谏,昏君则去。不去而隐于朝,宜也。知其雄,守其雌。事不可为而身退,此为明哲保身之道也。

译文

自爱的人就会懂得自重,不靠近将要倒塌的楼房,不踏入将要灭亡的国家。明珠一定要留给那个能识别它的人,宝剑也只能献给真正的英雄。能臣为昏君谋事就是让自己陷入危机之中。因此如果遇到贤明的君主就要为他进谏,遇到昏君就要离去。即使不离去,也要在朝堂中隐匿自己。这才是最好的做法。知道什么是雄强,但仍能收敛锋芒,保持谦逊和柔弱的姿态。当事情无法强求时,就要懂得全身而退,这就是所谓的明哲保身之道。

 古事记

冯谖试孟尝君

齐国贵族孟尝君惜才爱才,喜欢招揽各地有才之士,因此,数千食客被吸引来投奔于他门下。

家境贫寒的谋士冯谖听闻后有意投奔,便请人向孟尝君说明意愿。不过,当孟尝君问起冯谖的爱好和才能时,冯谖故意隐瞒回答说没有。孟尝君听了只是笑了笑,心平气和地接纳了他。但孟尝君的左右暗自揣测孟尝君的心意,认为冯谖不受重视,便故意拿粗茶淡饭给他吃。冯谖对此并没有忍气吞声,而是倚靠着柱子,弹着剑铗高声唱着:"长剑啊长剑,我们回家吧,这里连鱼都吃不到!"孟尝君得知此事后,随即要求左右按照家中食客的饭菜标准招待他。没过多久,冯谖又在门口弹着剑铗高声唱着:"长剑啊长剑,我们回家吧,这里连马车都不帮我准备!"孟尝君听到后,又立刻要求左右为他备好马车,冯谖这才心满意足地乘车出门拜访朋友。又过了一段时间,冯谖第三次弹着剑铗高声唱着:"长剑啊长剑,我们回家吧,我在这里无法供养家人。"孟尝君的左右都认为他贪心不足,更加厌恶他了,可孟尝君却没有因此恼怒,更没有赶走他,还帮他赡养留居家中的母亲。

从那以后冯谖再也没有弹铗高唱了,一心为孟尝君出谋划策。他为孟尝君焚券市义,又为其经营三窟。总之,在孟尝君为相的几十年间,冯谖凭借自己的谋略为其规避了许多祸事。

微鉴评

冯谖三试孟尝君的故事发生在战国时期,彼时诸侯割据、争斗频发,这就造成了各路王侯将相求贤若渴的局面。然而,对于被争相延揽的士来说,这是机遇,也是风险和挑战,毕竟谁都不希望明珠暗投。这就是为什么冯谖会屡次试探孟尝君。

冯谖这种对自己负责的态度放到现代也同样适用。在现代职场中,上下级的地位早已趋于平等,彼此间属于双向选择的关系。上级希望选择一个对自己忠心不二、能力过人的下属;同样的,下属也希望能够追随一个英明神武、惜才爱才的上级。因此,我们在接受上级考验时,也要考量对方是否值得我们效力和追随。

智慧解码

明确风险矩阵,做好风险评估

如何做好风险评估?

要想"不立于危墙之下",就要对风险有充分的认识。现代管理学中的风险评估工具有很多,其中最常见的就是风险矩阵(图5-3)。其具体实施步骤如下:

◎ **评估风险可能性**。借助专家判断、历史数据统计、概率分析等方法,结合实际情况,对已经识别出来的风险因素,按照高、中、低三个等级确定风险发生的可能性。

◎ **评估风险影响性。** 综合进度、成本、质量、安全等方面,结合实际情况,对已经识别出来的风险因素,同样按照高、中、低等级确定风险发生的影响性。

◎ **绘制风险矩阵。** 以发生概率为横轴,影响程度为纵轴,绘制出风险矩阵,并分别标注发生概率和影响程度的等级。最后根据步骤一和步骤二的评估结果,将风险定位在矩阵中的相应位置。

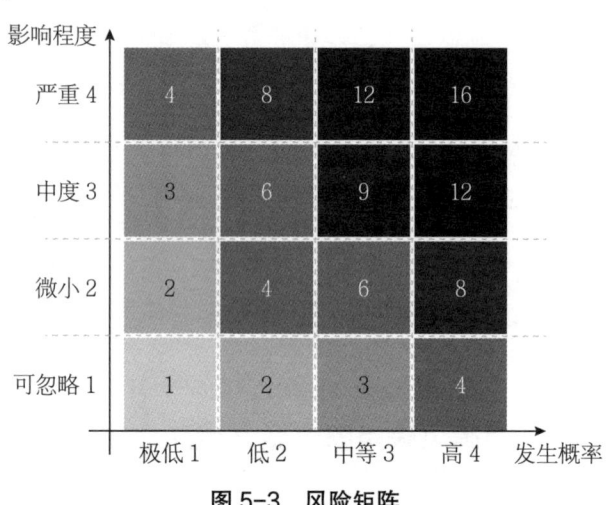

图 5-3　风险矩阵

有了明确的风险矩阵,我们对风险就有了更加清晰的认知。针对高可能性高影响的风险,应集中精力尽早积极应对;对于高可能性低影响的风险,应寻求成本效益高的解决方案,减少发生频率,降低损失;对于低可能性高影响的风险,应制定详尽的应急计划,确保在风险发生时能够迅速响应,也可以利用保险等手段进行风险转移;至于那些低可能性低影响的风险,一般可以考虑采取接受的策略。

第六

度势卷

——时势与英雄向来都是相辅相成的关系

为什么有的人轻轻松松就能成事?
没有好的局势应该怎么办?
等待时机究竟要等到什么时候?

时势需要观察,需要把握,
也需要等待或缔造,
唯独不需要冲动。

顺势而为事半功倍

原文

势者,适也。适之则生,逆之则危;得之则强,失之则弱。事有缓急,急不宜缓,缓不宜急。因时度势,各得所安。

避其锐,解其纷;寻其隙,乘其弊,不劳而天下定。

译文

形势,在于能够顺应。顺应形势就能争取到生机,逆势而为就会陷入危险。得势时就会变得强大,失势时就会变得弱小。事情有缓有急,面对急事不能缓慢行事,面对缓慢进展的事情不能操之过急。根据具体情况,审度形势,采取策略,就能安然度过。

避开它的锋芒,化解它的纠纷,寻找它的破绽,利用它的弊端,就可以不费吹灰之力平定天下。

古事记

裴度献计平幽州

唐敬宗宝历二年,卢龙节度使朱克融故意扣押唐朝派来赐衣的使臣杨文端，谎称其态度傲慢无礼；又谴责朝廷赏赐的春衣布料有问题，要求另拨三十万端匹作为三军一年的用度。他扬言只要朝廷下拨端匹，他就愿意调五千兵将前去协助修缮东都洛阳，言语间颇有恐吓的意味。

不得不说，朱克融的如意算盘打得好，他既想拿到朝廷下拨的三十万端匹，又想借机调兵前往洛阳。唐敬宗自然也听懂了他的弦外之音，心下又急又气，可却不知如何应对。这时裴度进言道："朱克融平日作恶多端，很快就会遭遇灭顶之灾。陛下您无需重新委派使臣，只需拖上一拖即可。不过，还请您再下达一道诏令作为回复，就说：'既然赐衣使臣傲慢无礼，那么就把他送回朝廷来，由我们自行处罚；另外，春衣的质量问题也已经向相关官员问责了；还有，东都宫阙的修缮如今已经接近尾声，无需卢龙节度使特地遣兵协助；至于下拨布料的请求也实在难以满足，因为从未有过这样的先例。总之，其他事情无需节度使过度操心了。'"唐敬宗听完便按照裴度的进言下发了诏令。朱克融没了借口，只好将杨文端送回朝廷。

果不其然，不久之后幽州发生兵乱，朱克融和他的两个儿子最终都死于乱军之中。

微鉴评

两方交锋，或动或静都应根据对方情况而定。裴度看出朱克融表面骄横跋扈，实则外强中干，这种情况下宜静不宜动，静待对方自取灭亡即可，若轻举妄动反而可能牵连自身。所以他没有被对方牵着鼻子走，而是施展"拖"字诀，有理有据地与对方交涉。

历史上也不乏一些人"明知山有虎",却"偏向虎山行"。他们热血上头搏的是一线生机,却忘了在命运的棋盘上,最忌讳以侥幸和一腔孤勇与时势相搏。孤注一掷的勇气下,纵使侥幸取得成功也是险胜;相反,顺势而下纵使路途艰辛,也不难见到光明。所以,不要尝试做逆势者,唯有顺势而为才能事半功倍。

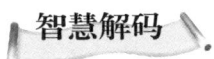

借助 PEST 分析模型,了解把握所处环境

如何了解和把握所处形势?

当今社会,内外部环境日新月异、变幻莫测,因此保持清醒的头脑、判断清楚眼前的形势就显得格外重要。通常情况下,我们可以借助 PEST 分析模型对外部宏观环境进行简单评估,它主要围绕四个方面为我们提供了一个很好的分析框架(图6-1)。

◎ **政治层面(P)**。包括政局稳定性、新的政策及法律法规等,这些都将给个人或组织所面临的环境带来机遇或挑战,需要我们保持敏锐的洞察力,及时规避相关风险。

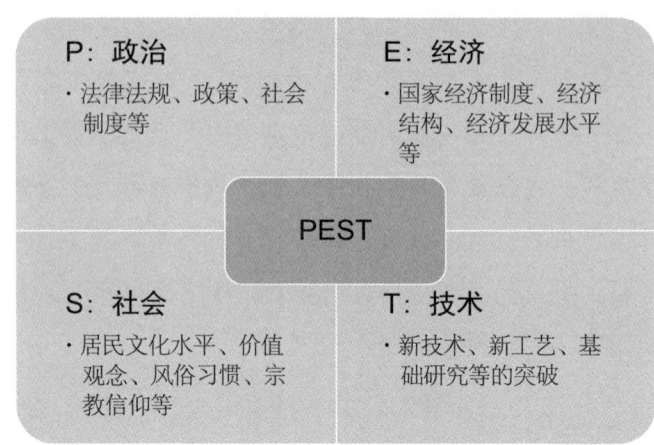

图 6-1　PEST 模型

◎ **经济层面（E）**。经济问题看似遥远，实则经济周期、通货膨胀、汇率波动等经济因素都会直接影响个人或组织的收入情况，因此也需要我们保持关注，并不断提升自己的经济分析能力。

◎ **社会层面（S）**。社会层面对个人和组织有着潜移默化的深远影响，这要求我们定期关注人口结构变化、消费者偏好转移、社会价值观的演变等社会变迁趋势，不断创新，来适应社会的发展。

◎ **技术层面（T）**。正所谓技术引领生活，科技的发展对个人和组织的影响最直接、最显著。与此同时，技术的革新也给个人和组织带来了前所未有的激烈竞争。因此，时时了解新技术的发展，把握技术趋势，将有利于保持自己在社会和市场上的核心竞争力。

无势时不妨做造势者

原文

势可乘，亦可造。致虚守静，因势利导。敌不知我而我知敌，或守如处子，或动如脱兔。善度势者乘敌之隙，不善度势者示敌以隙。知其心，度其情，察其微，则见其势矣。

译文

可以利用形势，也可以制造形势。保持内心平静，毫无杂念，依据现有形势引导事情向有利的方向发展。敌人不了解我，而我对敌人了如指掌。要么像未出嫁的女子一样安静，要么像矫捷的兔子一样迅速行动。善于审度形势的人能够利用敌人的疏漏，不善于审度形势的人则会将自己的破绽暴露在敌人面前。了解对方的心思，揣摩对方的情感，再观察与他相关的细节，那么就可以预测事态的发展了。

古事记

元昊智胜辽军

西夏天授礼法延祚七年，辽兴宗耶律宗真带着十万大军进军西夏，辽军一路势如破竹，直捣贺兰山。西夏皇帝元昊知道双方力量悬殊，自己难以抵御，只好运用缓兵之计，带着将领亲临辽营求和。只是此时，辽军大将萧惠因不愿错失打败西夏军的机会，已再次对西夏军展开了猛烈进攻。

元昊无奈只能硬着头皮与辽军对抗，他深知自己军队的情况，当然也明白硬拼难以取胜，就决定采用疲惫战法与对方周旋。他先命军队后撤，然后让人火烧沿路的牧草，以阻止辽军进击。当时双方的阵地恰好就在广袤无垠的草原上，野草一经点燃，火势便迅速蔓延开来，辽军果然被凶猛的火势逼得难以前行。就这样，在元昊连撤三次后，辽军被消耗得疲惫不堪，饥困交迫。

在接下来的几天中，元昊大军继续用疲惫战法消耗辽军，没多久就将辽军的体力和士气消耗一空。而西夏军本就消耗不大，再加上战局由衰转胜，一时间士气大涨。于是，他们在元昊的指挥下趁机挥兵反攻，轻而易举就将辽军击垮。

微鉴评

在辽与西夏的这次对峙中，西夏一开始所面临的是不利的局势，但元昊却灵活运用多种策略最终成功地扭转了局势。在预估己方实力不足、形势不好时，他弯得下腰、低得下头，理智地选择与敌军议和，以此缓和局势，避免不必要的损耗；但到了不得不战时，他又能迅速反应，结合自身情况就地取材，采用疲惫战法，智取敌军；等到形势大好时，他更是展现了自己的铁血手腕，当机立断，乘胜追击，进一步扩大战果。

可以说，元昊的这次智胜为我们生动诠释了什么叫"造势"。但更重要的是，它告诉我们，时势不可能永远站在某一边。当面对无势之局时，不要害怕，耐住性子去寻找事情的突破口，尽可能抓住可把握的机会，也未必不能打赢逆风局。

智慧解码

面对复杂形势，做好不利形势应对方案

普通人如何应对不利的局势？

世间诸事千变万化，没有任何一个人能够保证自己永远处于顺境。天资卓越、能力出众的人，可以尝试在不利形势下为自己造就有利局面。但对于普通人来说，做好不利形势应对方案才是最稳妥的选择，你可以这样做：

◎ **信息收集与分析**。不管在怎样的局势下，都要牢记信息为王的原则，只有尽量多地收集相关信息，才能帮助我们更全面地了解当前局势。

◎ **注重团队合作**。很显然，应对复杂状况时，选择孤军奋战并非明智之举。唯有与他人建立稳固的关系，携手并进，实现信息和资源的共享，才能用最省力的杠杆撬动更大的挑战。

◎ **寻求专业帮助**。当局面极度复杂时，可寻求顾问、分析师、律师等专业人士的帮助，将专业的事情交给专业的人来做才是理智的选择。

审时度势后重在决策

原文

势可乘乎?势不可乘乎?智者睹未明,况已著乎,惟在断矣。

译文

可以利用形势吗?不可以利用形势吗?智者在形势还未明朗的情况下就能看清,更何况形势已经明朗时,不过在于如何决断罢了。

古事记

赵累深谋远虑施恩楚将

战国时期,在秦国讨伐韩国宜阳的时候,周赧王让谋士赵累预测战果。赵累答道:"秦国一定能攻破宜阳。"周赧王本人却不这么认为,便反驳道:"宜阳疆域广阔,方圆八里,城内有十万精兵驻守,粮食也十分充足,可支撑数年。且附近就有韩国国相公仲的二十万大军,及楚国大将景翠的大帐,一旦宜阳告急,就有援兵相救。在这样的情况下,秦国又怎么可能取得成功呢?"

赵累答:"带兵前来讨伐宜阳的是甘茂,此人不过是寄居在秦国而已。如果他这次能够攻克宜阳,那么就可以大大提升他在秦国的地位;如果失败了,那么他就难以继续留在秦国了。再说秦王,他下令进攻宜阳,本就是力排众议之下所作的决策,如果这次未能成功,那么他的脸面将荡然无存。所以,我认为宜阳一定会被攻破。"

于是周赧王又问:"那么站在我们的立场上,我们应当怎么做?"赵累说道:"大王,您可以对楚将景翠这么说:'你的职位和爵位都已经没有上升空间,也就是说,这次战役即使取胜对你也没有任何好处。相反战役一旦失败,你还会受牵连而获罪,倒还不如等到秦国攻克宜阳时再出兵,那时正是秦军军力疲乏的时候,秦国一定不敢应战,自然就会拿出宝物向你求和;另一边,韩国国相公仲也会因为你进攻秦国而感激你,送你宝物。'"

后来秦军果然攻破宜阳,楚将景翠依照周赧王所说抓住时机发兵进攻。不出所料,人马疲惫的秦军十分惶恐,立刻献上煮枣城向景翠求和,而另一边的韩国也真的如赵累所说很快拿出宝物来感谢景翠。至于周朝则是通过这样一计送了景翠一个"人情"。

微鉴评

"形势如何"这个问题对于身处局中的所有人来说都很重要。即使只是一个旁观者,也不应该端出"事不关己,高高挂起"的态度,而应时时观察当前动态,避免不慎入局,这样才有机会为我方营造最有利的形势。赵累正是做到了这一点,才能在一片混乱中抽丝剥茧,得出结论。有了基础结论为依据,才能进一步权衡利弊,给出合理的策略。

当然,周赧王也不容小觑。一方面,他虽然身处三方状况之外,却也时时关注着战局变化。在得知战局存在变化时,也没有全然置身事外,而是及时向赵累请教,可见其对局势的敏锐程度;另一方面,好的谋士、好的计策固然可贵,但同样可贵的还有做决策的勇气和决心。周赧王自然也有这样的勇气与决心,所以才能把握住在秦、韩两国间斡旋的时机。

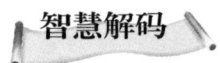

利用决策树,助力决策者做出正确决策

如何做出正确决策?

在纷繁复杂的信息和变幻莫测的局势中,决策者往往面临着巨大的挑战,他们需要快速从海量的信息中筛选出关键内容,预测未来的发展趋势,然后做下决定。为了应对这一挑战,现代管理学中发展出了一种直观的决策分析工具——决策树(图6-2),它主要利用树状图的形式,清晰地展现了决策过程中不同解决方案可能遇到的各种情况和对应的结果。其具体实施步骤如下:

◎ **明确决策目标**。清晰定义决策的目标和期望结果,这一步骤至关重要,因为它为后续的决策过程提供了明确的方向。

只有在目标足够清晰明确的情况下,决策者才能确保所有的分析和行动都围绕这一目标展开。

◎ **信息收集与整理**。广泛收集与决策目标相关的信息,并对这些信息进行深入的分析和整理,以提炼出对决策有重要影响的关键因素,为后续决策提供客观全面的依据。

◎ **构建决策树**。以目标为决策起点,然后从目标分出不同的决策路径或选择作为树枝,接着在每个分支的末端列出该选择可能带来的结果,并评估这些结果的概率和潜在影响。这一过程通常涉及对各个选项进行量化分析,如计算期望值、标准差等统计指标,以便更准确地比较不同选项的优劣。

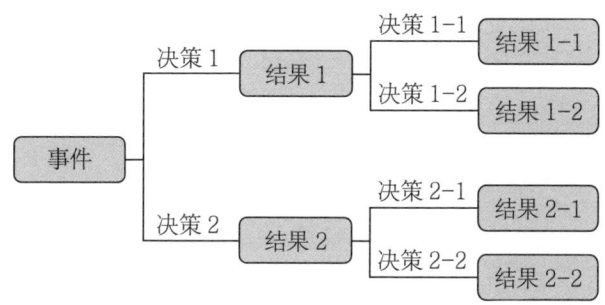

图 6-2 决策树

总的来说,决策树能够帮助决策者条理清晰地分析问题,让他能更直观地审视每个选项的利弊,从而减少决策的盲目性和风险。

勇气与智慧缺一不可

原文

智无识不立,无胆不行。

为谋,所重者胆,所贵者智;胆智兼备,势则可为。见宜远而识宜大,谋宜深而胆宜壮。

译文

没有深远的见识就无法制定谋略,没有胆量就无法落实计策。

制定谋略,最重要的是胆量,最珍贵的是智慧。当智勇双全时,就能够造就形势了。见识要深远博大,谋略要深邃,胆量要大。

古事记

荆轲刺秦王

战国时期,燕太子丹听从刺客荆轲的计谋,派其带上樊於期的首级以及燕国督亢的地图,假意向秦王献宝,借此接近秦王,伺机刺杀。为了确保计划万无一失,太子丹另又命勇士秦舞阳随荆轲前去，协助其完成复仇大计。

果然，秦王在得知荆轲带来了樊於期的首级以及督亢地图后十分欣喜，当即决定在咸阳宫召见荆轲等人。依照原定计划，荆轲怀抱装有樊於期首级的木匣，与手捧督亢地图的秦舞阳一同踏上秦廷台阶，走近秦王，然后再寻机行事。可谁知，随着二人离秦王的距离越来越近，秦舞阳竟然露了怯，吓得脸色发白，浑身颤抖。秦王的左右见状呵斥道："这位使者为何脸色突变？"荆轲连忙解释说："我们都是乡野村夫，第一次觐见威严的秦王，不免有些忐忑，还请秦王见谅！"只是秦王已然心生怀疑，不肯再让秦舞阳靠近，只让荆轲独自拿着樊於期首级和地图上殿。如此情景下，荆轲也只好听从命令，独自来到秦王面前献礼。

只见，秦王先是打开装有樊於期首级的木匣，在看到里面赫然放着樊於期血淋淋的头颅后，脸上露出满意之色。接着又令荆轲献上地图，荆轲捧着地图，当着秦王的面缓缓打开，在地图完全打开的一刹那，他立刻单手抓住秦王的袖子，另一只手拿出暗藏在地图末端的、淬了毒的匕首，直直向秦王刺去。

秦王不由大惊失色，但好在他反应机敏，很快就扯断袖子，挣开了荆轲的控制，向外躲去。荆轲也不气馁，继续穷追不舍，绕着柱子追赶秦王。就在秦王危难关头，他手下的医官急中生智，向荆轲丢了一个药袋，而秦王则趁着荆轲躲避之际抢先一剑砍中其左腿，使其跌倒在地。已经倒地的荆轲还不死心，将匕首投向秦王。无奈秦王的身手实在矫捷，一个闪身就躲过了匕首。此时的荆轲身上已经没有了武器，只能任由秦王宰割，很快便惨死在武士们的手下。

 **微鉴评**

　　荆轲刺秦是史上十分著名的刺客事件之一。观其始末，我们不难发现，在正式刺杀之前，这一计谋还算是成功。首先，他们洞悉了秦王当时一心想杀樊於期以及图谋天下的心理，顺利以樊於期和督亢地图换来了觐见秦王的机会；其次，借着献宝的由头，他们又成功得到了与秦王"亲密接触"的机会。事到此处可谓水到渠成，成功近在咫尺。

　　可惜，他们千算万算都没算到，整个刺杀事件的第一个败笔竟然在勇士秦舞阳身上。秦舞阳那临阵慌乱的表现让秦王生出了疑心，刺杀计谋自此破绽开始也就注定坎坷不断，最终计划以失败告终也就并不奇怪了。

　　由此可见，有勇无谋难成事，有谋无勇也同样如此，再好的计谋也需要有勇气加持才能顺利执行。

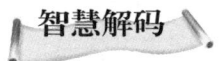 **智慧解码**

用科学方法，克服恐惧心理

　　如何克服恐惧心理？

　　从心理学角度来看，人类的恐惧心理主要源自他对未知、危险或失控的担忧。而从生理学的角度来看，大脑中的杏仁核作为情绪控制中心，对潜在威胁尤为敏感，一旦感知到风险，便会触发恐惧反应。同时，它还擅长储存情绪记忆，其中包括给我们带来恐惧反应的记忆，一旦记忆中的场景重现，恐惧感就会瞬间被激活。由此可见，恐惧是人类正常的情绪体验。不过过度的恐惧感会给我们的生活造成不便，因此可以从以下几点入手尝试克服：

◎ **正视令我们恐惧的对象**。很多时候，"危险"并不真实存在，而是我们的想象给它们蒙上了一层可怖的薄纱。因此，要想克服恐惧心理，首先要做的就是理性分析其真实性和危害性，尝试降低我们对该事物的紧张感。

◎ **思维重构**。积极的思维模式可以改变我们的情绪和行为，有助于减少恐惧和焦虑。要学会用积极的思维去替代对恐惧的想象，尝试想象一些积极、愉快的场景来中和恐惧感。

◎ **逐步暴露，尝试脱敏**。行为主义心理学中的条件反射理论认为，人类的行为可以通过学习和训练进行改变。人类通过逐渐接触自身所害怕的事物，可以慢慢建立与不良行为反应相对抗的条件反射。所以，可以尝试在安全的环境下逐步接触恐惧源，慢慢适应并减少恐惧反应。

尽管恐惧体验难以完全避免，但结合科学的方法和积极的心态，我们完全有能力逐步克服它。

立好威才能带好队

原文

军无威无以立,令无罚无以行。威慑之,智取之,胆胜之,则何敌不克,何坚不攻?正胜邪,直胜曲。浩然正气,而奸佞折。

译文

没有威严就无法带领军队,没有惩罚就无法执行军令。用威势震慑对方,用智谋制服对方,用勇气战胜对方,有什么敌人是无法攻克的?有什么城池是不能摧毁的?正义能胜邪恶,正确能赢错误。只要心怀正气,就能使奸佞之人折服。

古事记

田穰苴敲山震虎杀庄贾

春秋时期,齐国遭晋、燕两国侵伐,日子苦不堪言。正值国家危难之际,晏子向齐景公引荐了田穰苴。那田穰苴对军事之事的确很有见地,与齐景公侃侃而谈,于是齐景公当即封他为大将军,命他率兵抵抗晋、燕两军。

田穰苴接受任务后说道："大王,我的身份卑微,如今突然得到大王的提拔,恐怕无论百姓还是三军将士都不会轻易信任和服从我,故而我担心以自己这样浅薄的资质无法在军中树立威望,还请大王委派一名心腹之臣随我前往。"齐景公听了,就派心腹庄贾给田穰苴做监军。田穰苴旋即与庄贾约定次日正午于营门口集合。

　　第二日,田穰苴早早来到军营门口,等待庄贾的到来。谁知庄贾自认是齐景公钦定的监军,无需守时,把与田穰苴的约定抛于脑后,而去参加了饯行宴。一直到日薄西山时,酒足饭饱的庄贾才尽兴归来,而此时的田穰苴早已整顿好军务,颁布了军令。

　　见到姗姗来迟的庄贾,田穰苴质问道:"你我日前就约好了正午见面,你为何现在才到?"庄贾则吊儿郎当地回答说:"恰逢亲友为我饯行,我就多喝了两杯,故而耽误了时间。"田穰苴闻言,大声怒喝:"作为一名将领,在领受命令后就应该将家庭抛于脑后;在颁布军令后,就要忘却私人情谊;在挥兵杀敌时,更要将自己的生死置之度外。现在正是我国内忧外患之际,百姓生活水深火热,国君为此忧心忡忡,而你我身上关系着一国兴衰,你怎么还有心思参加饯行宴?"庄贾自认理亏,便沉默不语。田穰苴见状便召来了军法官询问:"依照军法,错过约定时间的人应当怎么处置?"军法官答:"理应斩首!"庄贾听了,大惊失色,忙命人回去请齐景公救命。不过不等齐景公派人来救,田穰苴就已经当众处置了庄贾。

　　过了一会,齐景公的使臣驾着马车来到军营,想要当众宣布赦免庄贾，却遭到田穰苴的无情回应："将领在外，可以不受君令指挥！"说着，田穰苴又问军法官："在军营里纵马飞驰，依法应当如何处置？"军法官答说："斩首！"使臣闻言不禁瑟瑟发抖，田穰苴沉思了一会道："来传国君命令的使臣不能斩首，那就砍了他的随从，杀了驾车的马，斩断马车的夹车木吧！"说完立即让人依令行事，并让使臣回去回禀齐景公。

就这样，齐军上下都被田穰苴的行为震慑住了，再也没人敢随意违抗军令。一时间，军中风气大肃，军威也随之大涨。

微鉴评

新官上任所面临的最棘手的问题往往不是"事"的问题，而是"人"的问题。团队成员不信服，事情就很难顺利开展。可见，新官上任后很重要的一件事就是立威，只有懂立威、能立威的人才能带好队伍。

田穰苴深知此理，所以决定杀鸡儆猴以立军威。此时，选择谁作为立威工具就变得非常重要，毕竟如果只是一个普通小兵，必然不够有威慑力。也就是说被拿来立威的那个人必须是齐国内说得上话的高位之人，就这样，深受齐景公宠信的庄贾成了最佳选择。当然，如若庄贾能遵守与田穰苴的约定，那么可保自身相安无事，可惜他向来骄横，目中无人，将违反军令当作家常便饭，也就不出所料地成了田穰苴"杀鸡儆猴"的那只"鸡"。三军将士看到宠臣尚且如此，也就知道眼前的田穰苴是个铁面无私的硬角色，军风自然得到肃清。

智慧解码

智慧和策略相结合，烧好新官上任三把火

新晋领导者如何立威？

俗语说"新官上任三把火"，这"三把火"指的就是立威的过程。对于新上任的领导者来说，不能在上任之时立下威信，就等于无法有效地管理团队。不过，威势的建立不是依靠简单强硬的手段进行压制，而是需要智慧与策略相结合。那么这三把火应该烧什么？怎么烧呢？

◎ **目标之火**。作为一名新晋领导者，在上任后，首先要明确的就是团队的目标和规划。只有大方向足够清晰明确，才有可能带领团队坚定地朝胜利的方向出发。这一举措可以充分体现领导者的远见卓识和新团队的广阔前景，可以帮助新晋领导者初步建立威信。

◎ **奖惩之火**。有了目标之后，与之相配套的奖惩制度也要逐步建立起来，让团队成员的付出得到相应回报，也让团队的蛀虫无处遁形。这一举措不仅可以让团队成员感受到新领导的公正，也能大幅度提高团队效能，帮助新晋领导者强化自己的威信。

◎ **改革之火**。在前两把火初见成效后，第三把火要烧的就是改革之火，因为任何一个组织多少都存在着沉疴和漏洞。如果一个新晋领导在初步站稳脚跟后，能下定决心进行改革，剔除冗员，优化流程，创新机制，那么追随他的团队成员的激情就会被大大激发。

第七 攻心卷

——每个人都有人性的弱点

为什么心理上输了,结局就注定输?
为什么别人会这么想?
什么时候才适合谈"感情"?

打好心理战就像炒菜做饭,
有时候差的就是些许"感性"。

兵不血刃的心理战

 **原文**

城可摧而心不可折,帅可取而志不可夺。所难者惟在一心。攻其心,折其志,不战而屈之,谋之上也。

译文

城池可以摧毁,人心却不能折服;将帅能够擒获,其志向却不能够被夺取。所有困难往往都在于一颗心。只要能攻陷对方的心,折损对方的志气,就能兵不血刃而使对方屈服,这是最上等的计谋。

 **古事记**

李广解鞍退敌

汉武帝时,匈奴频频来犯,武帝为此特地派了亲信宦官前去监督李广训兵。这日,那宦官率领几十名骑兵在旷野上飞驰,却不巧偶遇三名匈奴兵,双方当即发生了激烈的交战。宦官吓得屁滚尿流,仓皇逃回营中。

李广从宦官口中得知此事后,立刻带了一百骑兵前去追剿那三名匈奴兵，一会工夫便成功射杀了其中两人，只留下一名作为战俘。不想，他刚把那名战俘绑上马，就看到前面有数千名匈奴骑兵。当然，那支匈奴兵也发现了李广，只是他们误以为李广等人是诱敌的士兵，一时间竟不敢轻易进犯。

面对敌众我寡的局面，李广所带的骑兵们都非常恐慌，但李广却镇定地说道："他们一定误以为我们是前来诱敌的士兵，所以不会轻举妄动。"说着便命令全体骑兵继续前进，并且故意在离敌军两里之处解鞍下马。匈奴骑兵们看到汉军不慌不忙，还解鞍下马的样子，更加笃定他们是诱敌的士兵，便愈发不敢轻易进军。过了一会，李广也解鞍下马，然后在地上侧躺下来，摆出一副悠然自得的样子。随着夜幕降临，匈奴兵们更是惴惴不安，他们生怕汉军在四周设有埋伏，便慌忙撤兵离开了。

就这样，李广与那一百名骑兵顺利从匈奴兵眼下逃脱，平平安安回到汉军营里。

微鉴评

交战双方除了智慧和武力的交锋外，还有一项很重要的比拼，那就是心智的比拼。在攻心上，坚韧不拔、沉着镇静的一方才能取得最终胜利。李广在偶遇上千匈奴敌军时，手下人马不过寥寥几人，在这样的情况下，无论他们是跑还是战，都毫无胜算，其形势之凶险不言而喻。

但是越在这时候，才越是机智和心理战发挥作用的时候。当时的李广并未自乱阵脚，而是摆出一副胸有成竹的模样，这种做派既是给己方看，也是给对方看。对内，是给己方兵士喂下一颗定心丸；对外，是对对方的震慑和迷惑。而后解甲佯装悠闲的举动更进一步加强了对对方的震慑，最终敌军因不清楚李广的真实情况而心生畏惧，慌忙逃跑。

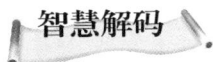

建立自控力，磨炼意志

如何磨炼自己的意志？

缺乏意志力的人，遇到挫折容易放弃或妥协，遇到诱惑容易抛弃原则和底线。如果想要磨炼自己的意志，那么你可以尝试这样的做法：

◎ **尝试改变某个习惯**。一个习惯的形成通常与深层的心理机制和重复的行为模式相关，要想突破这些模式的束缚，就需要有强大的自控力和持续的努力。所以，尝试与一个坏习惯进行斗争，直至最终将其克服，那时你会发现自己的意志力得到了显著提升。

◎ **设定具体的小目标，然后坚持去实现它**。将大目标分解成小目标，并逐一实现它们。在这个过程中，每个小目标的完成都是对意志力的一次精神奖励。这种成就感会激励你继续前行，逐步建立起更强的自控力。

◎ **学会自律**。自律不需要做一些很难的事情，只需要坚持规律的作息、健康的饮食和适度的锻炼。这些习惯看似简单，却可以在无形中帮你培养意志力。

学会打好"感情牌"

原文

攻心者,晓之以理,动之以情,示之以义,服之以威。君子好德,小人好利。辨以羞之,耻之,驱之于德。

译文

要想攻克人心,就要用道理说服对方,用情谊打动对方,用道义引导对方,用威信震慑对方。君子追求品德,而小人趋附利益。可以辨明是非曲直,来让对方感到羞愧、耻辱,引导他追求道德。

古事记

王阳明收编山匪

王阳明在江西任赣州巡抚时曾招安一群山匪,但是那时因为朝廷下拨的粮草还未送达,众人时常过着食不果腹的日子。这日,山匪们实在忍无可忍,直接抢了山下百姓十几只羊带到山中开荤。

几日后,王阳明得知了此事,便要求他们设法补偿百姓的损失，并向被抢百姓赔罪道歉。山匪们自然不愿。王阳明态度坚决、神情严肃地命令道："你们必须现在就下山去赔礼道歉，安抚百姓！"山匪首领只好敷衍说："今天天色已晚，不如明天再去吧！"可王阳明还是不依不饶地要求道："不行，你们现在就一定要去！"看到王阳明态度如此强硬，山匪首领虽心有不甘，也只能听命行事。这时，王阳明却突然拦住了他，问道："你们把羊都吃完了，怎么赔偿百姓？"山匪首领脸色尴尬地挠着头说："我还没想好，但是既然已经答应了要赔偿百姓，我就一定会做到！"王阳明听罢，便从怀中掏出十两银子交给那山匪首领说道："这是我这个月的俸禄，我原本想拿这些钱为远在家乡的父母添置衣物，以尽孝心，但是既然你们急着用，那就先拿去吧！"

王阳明的做法让山匪们非常感动，他们很是感念巡抚大人对他们的照顾，于是纷纷下定决心今后唯王阳明马首是瞻。后来在王阳明的教导下，这群山匪也成了他麾下最得力的干将。

微鉴评

所谓权谋，并非都是奸险的尔虞我诈、你欺我瞒。有时候它也可以很有人情味。因为只要是人，就总有七情六欲，这为打一场充满人情味的攻心之战提供了无限可能。

在面临权力与智慧的较量时，尤其当别人都在用"强势"进行谈判或沟通时，若能以真挚的情感为桥梁，触及人心最柔软的部分，往往能收获意想不到的效果。就如王阳明用自己的真挚感动了山匪们，换来了他们的誓死追随。

当然，这个道理放到了现代也同样适用。现代社会快节奏、高压力，人与人之间的关系看似更远了，其实不然，因为对情感连接的需求始终存在于世人的内心深处。

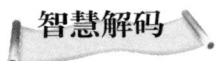

了解登门槛效应，顺利得到他人帮助

如何顺利得到他人帮助？

你是否注意到一个有趣的现象？那些经常帮助你的人，在未来更倾向于继续为你伸出援手。这一现象主要基于人们渴求通过帮助别人得到认可和尊重的心理，他们在帮助别人的过程中感受到一种被需要和被重视的感觉，并且乐于为维持这种感受而付出努力。

这一现象也为我们提供了一种求助策略，即通过初步的小请求，为后续获得更大的帮助铺路，也就是登门槛效应（图7-1）。具体你可以这样做：

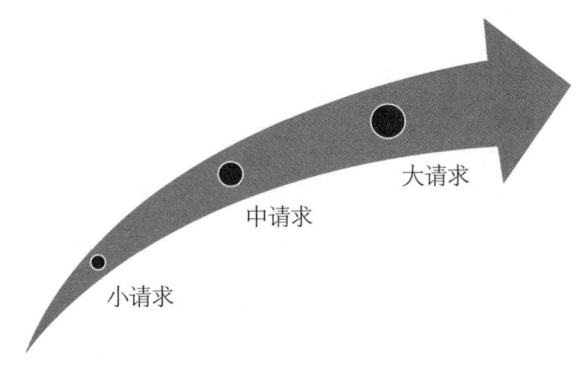

图 7-1　登门槛式提需求

◎ **先提出较小的、易于接受的要求**。这样的请求不会让对方感到压力,反而容易激发其助人为乐的情感。

◎ 在对方满足小要求后,及时表达感激,并**适时提出进一步帮助的请求**。不过要注意请求的合理性,避免过分要求。

◎ 通过持续的正面互动,**逐步与对方建立起深厚的信任关系**,使得对方在未来的关键时刻更愿意为你提供帮助。

当然,登门槛效应作为一个求助框架,其目的是建立健康且持久的互助关系,因此需要以真诚和尊重为基底。这也就要求我们在求助时,应尊重对方的感受和需求,避免利用心理效应进行操纵。

治人更需要攻心

原文

移花接木,假凤虚凰,谋略之道,唯在一心。乱其志,折其锋,不战自胜。治不以暴而以道,胜不以勇而以仁。故彼以暴,我以道;彼以勇,我以仁;然后胜负之数分矣。

译文

移花接木,假凤虚凰,所谓的谋略全系在一颗心上。扰乱对方的志向,折损对方的锋芒,自然就能够不战而胜。不要用暴力进行治理,而要用道义;不要凭借勇气取胜,而要依靠仁义。所以,当对方实施暴行时,我倚仗道义;对方凭借勇敢时,我依靠仁义,如此一来胜负就已经是定数了。

古事记

仁爱之君李世民

贞观元年,唐太宗李世民以"将女子幽禁于宫中实属耗费百姓财力"为由遣散了宫中三千多名宫女,给了她们结婚生子的机会。

次年，关中地区遭遇旱灾，百姓饱受饥荒之苦。太宗不忍，便对大臣们说道："国家遭遇旱灾一定是因为国君有罪，只是既然是我的罪过，为何上天不惩罚我，反而伤害无辜的百姓，他们有什么罪过竟然突遭这样的横祸？听说还有人因此贩卖儿女以求生计，我实在于心不忍！"说罢，他便命御史大夫杜淹深入灾区进行巡视，然后放开国库为那些被卖的儿女赎身，并将他们送回自家父母身旁。

贞观十九年，太宗下令挥师高丽。出征前，他还特地亲临城门慰抚三军。当他听说有位士兵身染重病，无法动弹时，便让人亲自到他床前询问病情，还命令州县妥善为那士兵治疗。三军闻知此事，无不感激涕零，纷纷暗下决心要为太宗出生入死。

到了唐军班师回朝时，太宗又下令收集、厚葬战死将士们的尸骨，又命人杀猪、宰牛羊用来祭祀将士亡魂。等到祭祀当日，太宗更是亲自到场，为死去的将士痛哭哀悼，军中将士因此大受感染，纷纷泪流满面，而那些亡将的父母也都感动地说道："我们的孩子为国捐躯，天子能够为她们哭泣哀悼，那么他们的生命也就没有白费。"从那以后，三军将士更加忠心于太宗，个个甘愿投效大唐，为唐朝抛头颅洒热血。

微鉴评

纵观历史，但凡由盛转衰的朝廷，百姓必定怨声载道。亡国之君往往都面临着这样的困境：百姓不愿依附于他，三军不愿尽忠于他，只有奸佞之人围绕着他。毕竟将心比心，又有谁愿意追随一个残暴的君主呢？

作为一名有作为的政治家，李世民显然也明白这一道理，当然也不想最终落得百姓怨恨的地步，所以他才会选择以仁治国，用怀柔和仁爱普及天下，以此换取百姓与将士的心。他深知，只有真正赢得人心，才能在百姓和军臣中树立起崇高的声望，得到坚定的拥护。

正是基于这样的攻心策略，李世民为大唐的兴盛奠定了坚实的基础，并开创了著名的贞观之治。这一时期的唐朝，政治清明，经济繁荣，文化昌盛，不愧盛世之称。

学习 FFC 赞美法则，让自己更受欢迎

如何让自己更受欢迎？

在人际关系中，一个人的受欢迎程度往往决定了他与别人相处的融洽度以及机会的多寡。通常来说，要变得更受欢迎，最直接的办法就是学会赞美他人。因为在这个世界上，没有人不喜欢被赞美，这是人性中普遍存在的心理需求。这里的赞美指的不是阿谀奉承，也不是虚假的客套，而是发自内心真实的欣赏。你可以学习 FFC 赞美框架来表达（图 7-2）。

图 7-2　FFC 赞美法则

◎ **表达感受**（F）。在赞美别人的时候，先真诚地表达自己的感受，如"我很佩服你""我觉得你太厉害了"等，这种落落大方的表达方式可以让人直接接收到你的态度。

◎ **结合事实**（F）。表达感受只能让人感受到你的示好，但真正打动人心的是真诚。所以在赞美他人时要做到结合事实，有理有据，为自己的赞美找到一个合适的落脚点。譬如，如果你觉得对方某项工作做得好，就要具体地描述好在哪儿，这样你的赞美才足够有说服力。

◎ **差异带来喜悦**（C）。如果能有一定的对比往往更能突出被夸奖人的优秀之处，通常可以以自己为例来与之进行对比，又或者以对方过去的表现为参照进行对比。

当你学会了赞美他人，你会发现与人相处变得更加轻松愉快。当然，赞美只是让自己更受欢迎的一个方面，除此之外，我们还可以通过培养同理心、耐心倾听等方式让自己在人际关系中更加游刃有余。

攻心之术没有定法

原文

攻心之术多矣。如武穆用兵，在乎一心。乱之扰之，激之困之，俟之以变，然后图之。欲得之，先弃之；欲扬之，先抑之。畏之危之，其心必折，计然后可用。

译文

征服别人内心的计谋有很多，就像岳飞用兵，最重要就是心。面对敌人时，打乱他的节奏，干扰他的思维，刺激他的心理，迷惑他的判断，等待他的变化，随后就能取得成功。想要得到它，就先放弃它；想要把它发扬光大，就先抑制它。使敌人感到恐惧和危险，就一定可以重挫他的内心，如此一来谋略也便可以实施了。

古事记

石勒诈降王浚

西晋永嘉之乱后，中原北部形成了幽州、冀州、太原、平阳四大势力，其中幽州的王浚虽势力强大，却奢纵淫虐，不得人心,所以冀州霸主石勒渐渐有了将其吞并的念头。不过,王浚兵马强盛,若是采用强攻的策略,恐怕没有胜算,因此石勒在谋士张宾的建议下决定用诈降的计策来迷惑王浚。

这日,石勒派门下食客王子春携带大量宝物以及一封亲笔信,前去找王浚投诚。王浚起初并不相信石勒的诚意,便问子春等人:"石公英武,如今又盘踞在赵旧都,与各方势力成鼎峙之势,为何还要称臣于我?这可信吗?"子春回答说:"石勒虽有实力,但他也知道王位之争并非仅凭智力和武力就能决定。他愿尊称您为天子,是因为您更有威望和名声,是真正的天命所归。"说着还举了许多史例力证石勒对王浚的尊重和忠诚。王浚听完十分高兴,便分封了子春等人,然后派遣使者回报石勒,并附赠一些特产以示友好。

在此期间,王浚的手下游统派使者向石勒投诚,表示愿意协助石勒歼灭王浚,而石勒直接杀了使者,并将其首级献给王浚。这件事也给王浚打了一剂定心剂。

没多久,子春就带着王浚的使者来到了石勒的营地参观,石勒早已经让人把精锐士兵和武器都藏了起来,只留下疲弱不堪的军队迷惑对方。为了表示尊重和诚意,石勒当着使者的面,神色恭敬地接受了王浚的书信和礼物,然后取出其中的麈尾高高悬挂在墙上,说是要日日祭拜:"我虽然无法见到王公,但是见到王公所赐之物就如同见到王公一般。"接着又是忙着让董肇向王浚上呈表章,又是向王浚的宠臣请求职位……这一系列举措终于让王浚彻底放下了戒心。

与此同时,王子春也给石勒带回了一个重磅消息:幽州去年遭遇水涝之灾，庄稼毫无收成，百姓苦不堪言，而王浚不仅没有开仓放粮，还加重税赋，致使百姓怨声载道，军心涣散。石勒因此十分高兴，认为挥兵幽州的时机已经成熟。

就这样，石勒的兵马很快就抵达幽州，而大难临头的王浚仍毫无戒备，还满心以为石勒是前来拥立他的，一直等到被石勒的将士生擒才幡然醒悟。

微鉴评

两军交战凭借的除了兵力，还有运气和谋略。三者中，运气不可预估，兵力难以瞬间增长，唯有谋略作用于人心，运用得当可有逆转战局的效用。

回顾历史，很多谋略说到底都是攻心计。譬如，诸葛亮的空城计是利用敌军对未知的恐惧之心；陈平的离间计是利用君主对手下的猜忌之心；石勒先用金银珠宝示好，再处决叛将使者取得信任，最后用残兵示弱，一步步彻底激活了王浚的自负心理……种种胜利无不在于攻心，只是攻心之术多，不尽相同罢了。

可见，攻心没有固定的套路，要想利用好攻心计，就要知道对方要什么、怕什么、在意什么或不想失去什么等，抓住他的软肋自然就可以成功。

> 智慧解码

利用留面子效应，助你谈判成功

如何利用心理学小技巧助你谈判成功？

鲁迅曾写道："中国人的性情总是喜欢调和、折中的，譬如你说，这屋子太暗，说在这里开一个天窗，大家一定是不允许的。但你主张拆掉屋顶，他们就会来调和，愿意开天窗了。"

这就是著名的留面子效应。它与登门槛效应截然相反，强调的是先难后易的谈判策略，主要利用了人们拒绝后的内疚心理以及迫切需要恢复乐于助人形象的心理。基于这一理论，当与人进行谈判时，你可以这样做：

◎ **先提出一个略高于预期，但仍存在一定合理性的请求**。虽然这个请求有很大概率会遭到拒绝，但能为后续谈判设定一个较高的起点。

◎ **在对方拒绝或犹豫后，适时提出你的真实请求**。由于已经拒绝了更大的要求，为维护和谐，这时候人们通常会接受这个看似更为合理的折中请求。

懂换位思考才能拉拢人心

原文

虚予而实取之。示之以害，其必为我所用。欲得其心，莫若投其所好。君喜则我喜，君憎则我憎，我与君同心，则君不为我异。

译文

假装给予，实际上是向对方索取。向对方展示事情的弊端，那么他就一定会成为我的助力。想要得到他的心，没有比投他所好更好的方法了。他喜欢的我就喜欢，他厌恶的我就厌恶，只要我能和他保持统一战线，那么他就不会与我对立。

古事记

三家分智

春秋末年，晋国国君的权力衰落，实权由大夫把持，这其中智伯一家独大，其以壮大晋国为由让韩、魏、赵三家进献城邑。韩、魏两家自知不敌，很快就送上了城邑，唯独赵襄子断然不肯屈服。于是智伯决定联合韩、魏两家一同讨伐赵家。赵襄子被逼得只能退守晋阳,但很快就被三家大军团团围住。不过,晋阳城的地势易守难攻,智、韩、魏大军围击一年,也始终难以攻破。

直到这日,智伯在考察地形时发现晋阳城近水,便想着用水淹晋阳。那时恰逢雨季,晋阳城内很快就闹起了水患,城内百姓不得不想方设法躲避水难。如此一来,赵家大军几乎陷入绝境之中。赵襄子走投无路,便想要投降。可谋士张孟谈却说道:"韩、魏两家其实并不服智伯统治,请您让我偷偷潜出城去,密会两家家主,到时我一定全力说服他们倒戈抗智。只要他们倒戈,我们的危机就会解除。"赵襄子闻言喜出望外,立刻派人将张孟谈送出城去。张孟谈密见两家家主后,先挑明说,晋阳的水难将来便是他们的前车之鉴,后又费了一番口舌,终于说动韩、魏一同反智。

到了约定日期,赵家精兵与另外两家里应外合,以牙还牙,用水淹反攻智伯军营,打了智伯大军一个措手不及。接着三家又趁机三面夹击智军,很快就把智伯大军打得溃不成军。最终,智伯在战乱中死去,智伯的土地也被三家共同瓜分了。

微鉴评

在智伯一家独大的情况下,韩、魏两家势弱,只能受制于人。可依靠武力强迫对方屈服,终究不是长久之计。韩、魏两家虽表面附和,内心却满怀仇恨,并不甘心屈于智伯之下,再加上眼看赵家的处境,他们不免也要为自己的未来而担忧。如此看来,在一强二弱的局势下,韩、魏、智的联盟并不稳固。

张孟谈在游说韩、魏两家与赵联手时，也正是基于这点。一方面三家合力可以与智伯抗衡；另一方面，三家实力相当，打败了智伯后也无后顾之忧。两害相权取其轻，这是人情，也是大势所趋。

如果智伯早在收服韩、魏两家时能多些远见，就应该进一步设计离间这三国，让他们没有机会联手，才能确保自己的安全。可惜智伯没有这样的远见，最终被三家联军瓜分一空。

智慧解码

站在他人立场，更好地做到换位思考

在人际交往中，换位思考可以减少误解和偏见，建立更加和谐的人际关系。它要求我们从他人的角度出发，理解对方的感受和想法，从而更加准确地把握彼此的需求和期望。具体要学会以下几点：

◎ **学会主动倾听**，给予对方充分的表达空间，避免随意打断对方发言。在听清楚对方话的同时，还要能理解对方言语背后的情感和意图。这将为换位思考打下坚实的基础。

◎ **学会设身处地地思考**，尝试站在对方的角度去思考问题，想象自己面对同样的情境和问题时，会如何感受和反应。这种思考方式有助于更加深入地理解对方的感受和想法。

◎ **保持开放心态**，用更加开放的视角看待他人，不要固执己见，乐于接纳和理解不同的观点和想法。这可以为我们提供更客观的思考视角，减少偏见和误解。

第八 权奇卷

——出奇制胜往往是因为抓住了事情的本质

为什么有的人总能想出奇招?
为什么有些麻烦像毛线团,越扯越乱,越扯越多?
怎样才能抓住事情的关键点?

解决问题的途径不是只有一条,
抓住根本矛盾就能解决根本问题。

谨慎才能驶得万年船

原文

善察者明，慎思者智。诱之以计，待之以隙。不治狱而明判，不用兵而夺城，非智者谁为？夫欲行一事，辄以他事掩之，不使疑生，不使衅兴。此即明修栈道，暗度陈仓。

译文

善于观察的人能看清事物的本质，谨慎思考的人能做出正确的判断。用计谋引诱对方，然后等待有机可乘的时机。无需审问就能做出正确的审判，不需要动用兵刃就能够攻克城池，如果不是智者，又还有谁能做到？要想做一件事，就要用其他事情进行遮掩，不要让人产生怀疑，也不要惹出事端。这就是所谓的"明修栈道，暗度陈仓"。

古事记

刘敬智识匈奴示弱

汉高祖六年时，韩王信与匈奴人勾结，意欲进攻汉朝。刘邦闻讯大发雷霆，随即命人前去打探匈奴军的情况。不想匈奴军将骁勇善战的将士和膘肥的牛马全都藏了起来，而把老弱病残和瘦弱的牲口放在显眼的位置，试图迷惑汉人。果然，刘邦派去的几批使臣相继上当，纷纷回禀说匈奴势弱可以进攻。

不过谋士刘敬却称："两军交战，双方应尽显自己的军威才是。可我看匈奴那些老弱病残和瘦弱的牲口都太过显眼，故而我猜测他们是故意示弱，想引诱我们前去进攻，再布奇兵等着我们，因此臣认为此时不应攻打匈奴。"然而，此时三十万汉军已准备挥师直取，刘邦闻言暴跳如雷："你这个懦夫！现在竟敢在此扰乱我军军心！"他越骂越气，干脆下令将刘敬关押了起来，而自己则带领大军御驾亲征。

等汉军来到平城，果如刘敬所言汉军遭遇了匈奴的埋伏，被匈奴骑兵围困在白登山七天七夜。刘邦也差点丧命，直到陈平前来解救才勉强脱险。事后，刘邦斩杀了所有进言进攻匈奴的人，而赦免了刘敬，并赐予他两千户食邑，还封他为关内侯。

微鉴评

所谓兵不厌诈，双方博弈时更是如此。匈奴的示弱之计蒙骗了汉朝大部分使臣，并不是因为他们的手段多么高超，而是因为大多数人总是心存侥幸，不够谨慎。如果当时那些汉臣能提高警惕，慎重思考，就会发现匈奴的漏洞。首先，正如刘敬所说两军交锋都希望大扬军威，从心理上碾压对方，但是匈奴军却将残兵败将摆在明处；其次，假设事实真如眼前所见，那么匈奴应该会虚张声势，并想尽办法延缓战争，但显然匈奴兵并没有延战打算。这样一来就不难推断，匈奴示弱是假，诱敌深入是真,且势必已经有了充分准备,就更不应该草率出兵。

上当受骗未必是因为对方的手段和策略多么高明,而是因为我们自己不够警惕。

智慧解码

事以密成,学会适度保密

为什么说成大事前要学会保密?

《韩非子·说难》中有:"事以密成,语以泄败。"它所强调的是,在成就大事之前,要谦逊低调,谨言慎行,严守秘密。这一古老的智慧主要出于以下几点考虑:

◎ **减少干扰**。成就大业前,如果太早公开自己的目标和意图,就容易引来竞争者、利益相关方等人的效仿、干扰甚至破坏。在计划尚未成熟时,一旦出现干扰因素,事情的成功率就会大幅下降。

◎ **出其不意**。在竞争日益激烈的今天,竞争策略和手段只有保持高度保密,才有可能出其不意,在关键时刻给自己带来竞争优势,使自己在竞争中占据有利地位。

◎ **减少打击**。在计划还没取得实质性成果之前,过早公开可能引来外界质疑。这种质疑的声音不仅可能影响实施者对外的形象和信誉,同时也可能打击实施者的信心,进而对计划本身产生负面影响。

因此,为了减少风险、规避干扰和意外及保护资源和力量,计划实施者要依据不同情况,学会适度保密。

拒绝未必要说"不"

原文

事有不可拒者,勿拒。拖之缓之,消其势也,而后徐图。

译文

对于无法直接拒绝的事情,就不要拒绝。可以采用拖延、暂缓的方式,消磨它的势头,然后再慢慢处理。

古事记

谢安等拖死桓温

东晋晋明帝时,世家子弟桓温文武双全,胆量过人。他也因此得到晋明帝的青眼,迎娶了晋明帝的女儿南康公主。他本就有着名门背景,自己又才貌兼具,所以很快就累积下不错的声望,顺利攀上了青云梯。在后续的几十年中,桓温手握重兵,多次率兵出征,收复了大量失地。有了这样显赫的战功加持,桓温可谓一揽东晋大权。

随着皇权式微,久居高位的桓温的野心也越来越大,他渴望通过北伐来巩固自己的地位,然而天不遂人愿,桓温在北伐一事上吃尽苦头，一连三次失败令他声望大损。为了挽回形象，重建威望，他听从了谋士郗超的建议，寻了个荒唐由头废黜了当时的皇帝司马奕，改立司马昱为新帝，即晋简文帝。一时间，桓温更是位高权重，风头无两，颇有"挟天子以令诸侯"的意味。

  一年后，简文帝身患重病，弥留之际，他把皇位传给了当时年仅十岁的司马曜，并给桓温留下了辅政诏书。桓温想趁机颠覆晋朝，可奈何北方有虎视眈眈的前秦，朝廷内还有谢安、王坦之、王彪之等人坐镇，使其迟迟不敢动手。但没多久，桓温病重，只好先行返回姑孰养病，但仍多次派人威逼、催促朝廷为他授九锡。从某种意义上说，授九锡几乎就代表着权臣要谋朝篡位了。谢安、王坦之等人见桓温身体有恙，恐怕命不久矣，便决定用"拖"字诀耗着，他们嘴上满口答应，实际上却以各种借口一拖再拖。

  桓温虽心急如焚，却也无可奈何。就这样，在无尽的等待中，他带着满满的遗憾走到了生命终点。

微鉴评

  在面对权臣桓温的步步紧逼时，如果谢安等人选择硬碰硬，那显然是不理智的，因为时机未到，贸然反抗只会适得其反。所以，他们才在权衡之下巧妙地选择了"拖"的艺术，与桓温周旋，用时间消磨对方的锐气。这一策略不仅保全了自身，更为后来东晋的稳定奠定了基础。

  在日常生活中，遇到不容易直接拒绝的场景时，我们不妨也借鉴谢安的智慧，选择"拖"的方式来回绝。这并不是逃避，而是一种策略性的应对。通过"拖"字诀，一来对方可能会因为各种原因而降低要求，二来我们也能找到更合适的解决之道。这种"拖"的艺术，不仅能避免不必要的冲突，还能为双方留下回旋的余地，从而达成更为和谐的结果。

智慧解码

三步走，委婉拒绝他人

生活中会遇到他人向我们求助的场景，这些求助对于我们来说，有时候是举手之劳，有时候也可能是强人所难。当遇到想要拒绝的请求时，你可以选择分三步走委婉拒绝：

◎ **表达情感支持**。诸如"我懂你的感受""我很理解你"等情感支持，可以让对方感受到你的善意和同理心，也可以在一定程度上阻止对方继续"打感情牌"或"卖惨"。不过，这一过程要注意保持诚恳，避免语气态度过分夸张。

◎ **说明情况表示遗憾**。有了情感基础做铺垫后，就可以接着讲讲自己的情况，解释为什么自己无法答应请求，并向对方表示遗憾。这一步是为了剥离"拒绝"与"个人意愿"的关系，让对方知道你的拒绝是因为实际情况不允许，而非个人意愿。

◎ **提供替代方案**。在力所能及的前提下，可以向他提出一些可替代的解决方案。这不仅可以缓解拒绝给你带来的尴尬感和愧疚感，还可以进一步向对方展现你的关心和诚意。

人在松懈时最脆弱

原文

此消彼涨,此涨彼消,其理一也,不诡于敌而诡于己,己之气盛,敌气必衰。

意欲取之,必先纵之,意欲除之,必先骄之,然后乘其势矣。敌强则弱之,敌实则虚之。弱之虚之,不我害也。

译文

当一边消亡时,另一边就会增长;当一边增长时,另一边就会消亡。这些道理都是互通的。不要用诡计欺骗敌人,而要努力提升自己。当己方气势高涨时,敌人的气焰就会衰弱。

想要得到他,就先要放纵它;想要除掉他,就先要让他变得骄横,如此一来就可以利用它的形势了。如果敌人强大,就想办法削弱他;如果敌人充实,就想办法使它空虚。使他们变弱、变空虚,那么他们就不是我的祸患了。

 古事记

康熙智除鳌拜

康熙帝登基时年仅八岁,由四位顾命大臣共同辅政。在这四人中,鳌拜行事专横,常年独揽大权,行贪赃枉法之事,因此一直被康熙视作心腹大患。但康熙并未表露自己对鳌拜的厌恶,反而装出一副胸无大志的模样,每日只与宫中其他少年玩耍、摔跤。

有一次,鳌拜称病在家,康熙为了试探虚实,特地亲临其府探望,哪知却在其席下发现了一把锋利的小刀。这种行为明显是大不敬,但康熙还是忍住不发,还帮鳌拜辩解道:"我满洲勇士自然是要刀不离身的,哪有什么奇怪的地方。"鳌拜从此愈发骄横,以为康熙无需防备。

没过多久,康熙找来了平日与他一起玩摔跤的少年,问道:"如今正是关系大清存亡之际,你们愿意效忠于我,还是想依附于鳌拜?"那群孩童纷纷答道:"我们都听命于陛下!"于是,康熙便与这群少年一起设下计谋,等待鳌拜自投罗网。

这日,康熙依计命鳌拜觐见。狂妄的鳌拜毫无防备地来到南书房,全然不知这南书房里早就为他设好了环环相扣的陷阱。首先,康熙为他赐座的椅子其实早已被暗中锯断了一条腿,在他坐下时,太监在一旁悄悄稳住椅背,遮掩异常;其次,康熙赐茶时所用的茶杯其实是用开水煮过的,杯壁滚烫无比,鳌拜无心防备,自然无法拿住,于是茶杯摔落,而这声音就成了进攻的号角——扶椅的太监立刻推倒椅子把鳌拜掀倒在地,随后

康熙帝大声宣布:"鳌拜大不敬!";最后,早早埋伏在外的少年们冲进来缠在鳌拜身上,将其生擒。

事后,康熙让人对鳌拜进行了审讯,总结并宣布了他的三十多条罪状。依律本应将其革职斩首,但念及鳌拜曾经的功绩,康熙选择宽大处理,免了他的死罪,只是将其禁锢起来,至于他的党羽则或杀或革,绝不手软。

微鉴评

当一个人变得骄傲自负时,就容易放松警惕。长期处于放纵的状态,就很难再绷紧神经事事谨慎。

就拿鳌拜来说,他执掌朝堂多年,权势滔天,不是一个少年皇帝所能轻易撼动的,所以康熙对于直接用权势褫夺鳌拜的权力并没有十足的把握,也更怕会遭到鳌拜党羽反扑。那么既然如此,就不如放纵他,让他渐渐丧失警惕,等到时机成熟,再趁他不备擒住他。鳌拜被擒,又被冠以"大不敬"之罪,他的同党不知道殿里的真实情况,也就无法为他辩解。何况首领被擒,其党羽群龙无首,再滔天的权势也能轻而易举地被连根拔起了。

使用番茄工作法,保持良好状态

如何保持良好的状态,避免松懈?

良好的状态是成功的重要基石。保持良好的状态并不意味着要时刻紧绷神经，而是要把握好松和紧的平衡，做到既能居安思危、奋发上进，又能劳逸结合。番茄工作法就给了我们一个很好的启示，你可以这样做：

◎ **时间切分**。将时间划分为多个时间片段，每个片段约为25分钟，即"番茄时间"。在这段番茄时间里，要尽量专注于完成某项工作。

◎ **小憩一下**。每当"番茄时间"结束，就给自己5分钟的时间短暂休息，可以做一些简单的小运动，如站立、伸展等。

◎ **循环休息**。每完成四个连续的"番茄时间"后，再给自己15~30分钟较长时间的休息。

番茄工作法之所以简单实用，就在于它提供了劳逸结合的时间框架，可以在帮助人们提高专注度和效率的同时，减轻他们对时间的焦虑感。

直击根本才能攻克问题

 **原文**

偷梁换柱,移花接木。妙手空空,弥祸患于无形。釜底抽薪,上楼撤梯,虽曰巧智,岂无大谋?

 **译文**

偷梁换柱,移花接木,以这样的方式在不知不觉中化解祸患。从锅底抽走薪火,上楼后撤掉梯子,虽然只是称为巧智,但这里面怎么能够不包含大谋略呢?

古事记

御史丢御状救李靖

唐朝官员李靖曾遭人诬陷心存不轨,意图举兵谋反。唐高祖听了随即派了一名御史前去核查,还交代说:"如果李靖真的心存不轨,那么可以当场赐死他!"

李靖向来秉公守法,心怀百姓,这是众人皆知的事实。前来核查的御史深知这点,自然也就明白他是被人诬告的。只是如何才能证明呢?御史思前想后,终于定下一计,他命令检举李靖的人与他一同前去调查。在他们赶往岐州的路上，御史的随从突然来报："检举李靖的御状丢了！"御史对此十分生气，狠狠地惩罚了那名随从，然后对检举人说道："我们本是奉命前去核查李靖图谋造反的事情，如今却丢了御状，这可是死罪。如果到时候没能按章查办，还可能会被视为李靖的同党，恐怕更是难逃惩罚。"检举人闻言一时也有些心慌，忙问御史应当如何解决。御史叹气道："事到如今，若不想因这事获罪，只能劳烦你重新写一份御状，然后我们装作无事照常去查办。"

检举人一听，觉得这并非难事，也不失为一个好办法，便重新写好御状交给御史。事实上，原有的御状并未被弄丢。御史只是想骗检举人重写一份御状罢了，所以当他拿到新的状御状后，立刻就将两份御状进行仔细比对，这一比对果然发现，前后两份御状在细节上大相径庭。

于是，御史立刻带着两张御状回京禀告圣上："如果李靖真的有谋逆之实，那么检举人无论何时、何地、何种情况下，都能写出一模一样的御状。但是现如今前后两份御状大相径庭，那么只有一种可能：这位检举人诬告李靖。"

高祖闻言便命人捉拿那检举人进行审问，果然是那人在背后诬告李靖。就这样，该检举人因诬告朝廷命官而被下令杀死。

微鉴评

御史的这一计叫作"釜底抽薪"。当你不希望水沸腾时，要做的事情不是扬汤止沸，而应是釜底抽薪。往正在烧煮的沸水中加入凉水，最多只能让水稍微凉一会，但它很快就又会沸腾起来，无法从根本上解决问题。而如果你直接将锅底的柴火抽走，灭了火，那么锅里的水很快就会凉下来，再也无法沸腾。

检举人诬告李靖这件事也一样，即使御史在事后查出李靖屯兵谋反的真相，检举人也可能会另生一计，再次加害李靖。那么倒不如从检举人的证词下手，寻找证词的漏洞，让证词不攻自破，让检举人失信于皇帝，从而从根源解决问题。

利用鱼骨图，挖掘问题根本原因

如何挖掘问题的根本原因？

"头痛医头，脚痛医脚"，不仅会带来因不断修复问题所引起的资源浪费，也会让我们的处境变得被动。只要根本原因没得到解决，问题就会不断出现。因此，抽丝剥茧找出引发问题的根本原因对于处理各种复杂状况有着重要意义。管理大师石川馨提出了一种帮助人们追踪问题根本原因的工具——鱼骨图（图8-1），它主要遵循以下的步骤：

◎ **明确问题**。明确所要分析的问题，用"鱼头"作为代表画在最右侧，然后从左到右画一条带箭头的直线指向鱼头，这就是主骨。

◎ **分析影响因素**。广泛收集导致问题的所有可能性因素，譬如可以采取头脑风暴，围绕人员、设备、材料、方法、环境、测量六要素进行收集。

◎ **归类整理**。在主骨上画出大骨分支，依照分类逻辑将这些可能性因素整理列在大骨上。

◎ **深入挖掘**。深入研究各个大骨，不断追查"为什么"，以此画出中骨和小骨，其中大骨是"事实"，中骨围绕大骨追查"为什么"，小骨再围绕中骨继续追查"为什么"，这样就可以得到最根本的原因所在。

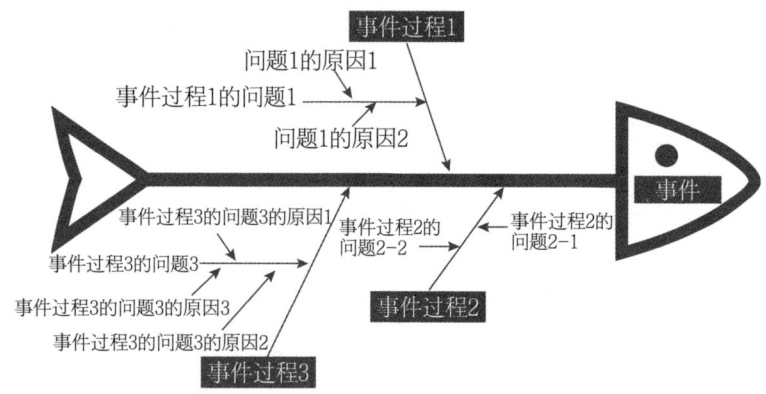

图 8-1　鱼骨图

掌握说服的精髓

原文

人构我,我亦构人。以彼之道,还施彼身。反客为主,后发制人。必欲使人为某事,威逼之,刑罚之,利诱之。由远及近,从小至大,循序渐进,然后可用。

译文

当别人陷害我时,我也陷害对方。利用对方的方法反过来对付他。逆转彼此的主客位置,即使行动开展较晚但仍能制服对方。如果一定要人家去做某件事,就要懂得用威势逼迫他,用刑罚处置他,用利益诱导他。从远到近,从小到大,依照顺序逐步推进,然后就可以取得成功。

古事记

触龙说赵太后

赵太后初掌政权时便遭遇秦国步步紧逼,于是赵太后就想向齐国求援,可齐国却要求以长安君作为质子进行交换。赵太后心疼儿子,任凭群臣如何劝谏也不肯接受。

左师触龙也想劝谏太后，便请命觐见。赵太后也知道触龙多半是来劝谏的，故而阴沉着脸坐在殿内。哪知，那触龙在见到太后的时候却没有直接说明来意，而是道歉说："微臣的腿脚不好，已经很久没来探望您了。不过，我虽然清楚自己的不易之处，但是心里多少还是有些不放心，所以就请命来看望您了。"赵太后闻言不禁叹息："我现在也只能靠坐车走动了。"触龙忙问："那您的胃口可还好？"赵太后说："也就喝点粥水罢了。"触龙劝道："我的胃口也不好。不过好在我总勉强自己多走几步路，这样一来，食欲也就能稍稍提高一些，身体也没那么差了。"赵太后脸色稍霁，摇了摇头回应说："我没办法。"

看到赵太后脸色有所缓和，触龙便缓缓说道："我有个小儿子名叫舒祺，是我最疼爱的孩子，这不起了私心，想让他补上黑衣卫龙的空职。"赵太后问："准了，他现在多大了？"触龙回答："现在才十五岁，但是臣总想着趁自己尚在人世，先帮他安排好路子。"赵太后听了，越发来了兴致："原来男人也偏爱小儿子？"触龙说："怕是比女人更偏爱小儿子吧！"赵太后笑了笑："女人还是要更胜一筹的。"

这时候，触龙话锋一转，说道："我私心里认为您更疼爱燕后，而不是长安君！"赵太后反驳道："你看错了，我更疼爱长安君。"触龙解释道："父母对子女的爱都体现在为他们做长远谋划上。您当时送燕后出嫁时泪流满面，想必是不忍她远嫁他方的，但是到了后来，您却在祭祀上为她祈福，祈祷她不要被赶回来。您这么做其实是希望她能在燕国扎根，孕育一代代的燕国国君对吗？"赵太后点头称是。触龙见状，继续问道："太后,您说,老祖宗那一辈的赵国,乃至各诸侯国国君膝下的那些被封侯的子孙,到现在还有谁能够沿袭爵位吗?"赵太后答:"没有。"

于是,触龙又继续说道:"祸事降临有时是落在这些国君身上,有时是落在他们的子孙后代身上。这难道是国君子孙命该如此吗?不,是因为很多享受高位厚禄的人并没有可以相匹配的功绩。就像现在的长安君,您因为疼爱他,所以赐予他高位、珍宝以及土地,可是他现在好不容易有了为国建功立业的机会,您却白白放弃了,一旦将来您与世长辞,那么长安君如何在赵国立足?您为长安君所做的筹谋实在太短浅了,这让我觉得其实您心里更偏爱燕后。"

赵太后听了,只能叹息道:"好吧,那就听你的吧!"说完,赵太后就将长安君送到齐国当质子,由此换取了齐国的援兵。

微鉴评

触龙游说赵太后时所采用的策略是循序渐进的:他先从身体健康问题切入,大大减少了赵太后对他的抵触情绪,然后才一步步引入自己真正想说的主题。在游说时,他也不是一味与赵太后对着干,反对赵太后钟爱幼子的心理和行为,而是设身处地站在为人父母的角度进行沟通,拉近自己与赵太后的心理距离。最后才结合利弊,建议赵太后为幼子谋划深远。

这种游说策略让赵太后觉得触龙与其他人不一样,他并不是为了赵国安危置长安君于险境,而是真的理解她的爱子之心,在帮她想办法,所以也就渐渐接受了触龙的建议。

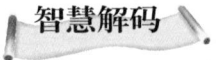

通过 RIDE 说服模型，更好地说服别人

如何更好地说服别人？

试着从"自己人"的角度切入，将自己与对方放在相同立场上，通过情感共鸣、利弊分析等方式，将心比心地说服对方，也就是使用 RIDE 说服模型（图 8-2）。

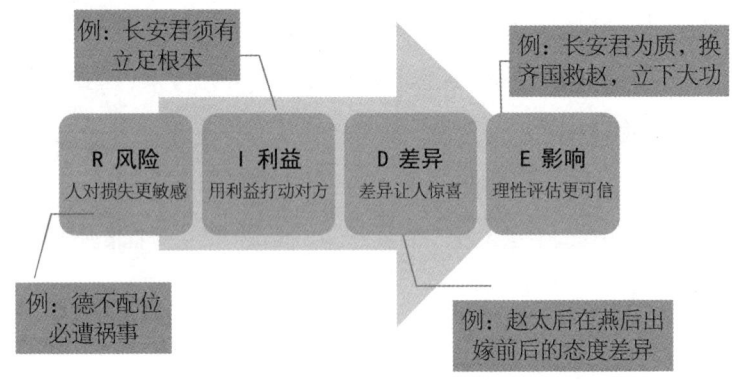

图 8-2　RIDE 说服模型

如图所示，先说不采纳你的建议会带来什么风险（R），再说接受你的建议会带来什么利益（I），接着阐述你的建议的与众不同之处（D），最后再说一下你的建议会带来的长期效果（E）。这样的做法可以在一定程度上减少对方的排斥情绪，使我们的言论更易于被对方接受。

——「人设」也可以是你的设定，而不是别人给你的设定

第九 谬数卷

为什么防贼不如治贼?
为什么高手总喜欢将计就计?
怎样以他人之矛为自己之刃?

出招之前,想一想你的目的是什么,
很多事情就能迎刃而解。

揭穿他人不如将计就计

原文

知其诡而不察,察而不示,导之以谬。攻子之盾,必持子之矛也。智无常法,因时因势而已。即以其智,还伐其智;即以其谋,还制其谋。

译文

知道对方诡计多端,却故意假装没有发现,发现后也不明确表现出来,而是用错误的信息引诱对方。攻击对方的盾时一定要用对方的矛。谋略没有固定的章法,而是取决于形势、时机罢了。利用他人的智慧反过来对付他,利用他人的谋略反过来牵制他。

古事记

西门豹妙惩恶人

西门豹在刚刚担任邺县县令时,曾听百姓诉苦说:"我们常年被苛捐重税压得苦不堪言,邺县的三老和廷掾年年都要向我们征收繁重的税赋,而这些征来的钱财有大部分都落入了他们囊中。更痛苦的是，三老和廷掾每年都要为河伯娶妻。"

西门豹细问之下才知道，原来每年一到河伯娶妻时，巫婆就会挨家挨户搜寻美貌的女子，然后强行下聘礼，聘为河伯之妻。女子被选中后会先被带回去梳洗打扮一番，然后斋戒数日，最后再装扮成新娘的模样，被送到河边，坐上那漂浮在河面的床铺枕席。一说到此事，百姓们纷纷叹道："这种习俗已经流传多年了，巫祝说如果不献出美丽女子给河伯当妻子就会惹河伯发怒，最终导致大水淹县，所以我们也只能眼睁睁看着一个个如花似玉的女子随着水流漂到河中央，最后一点一点沉入河底。那些家中有漂亮女儿的人家谁不害怕自己女儿成为下一个河伯妻子呢？故而，他们纷纷收拾行囊远走他乡了。这就是为什么邺县人口越来越稀少。我们都是被逼无奈呀。"西门豹听后也没过多评论，只是交代县里的父老乡亲们说："等到河伯娶妻的时候，希望你们能邀请我一同前往，我也去送亲。"

后来到了河伯娶妻的日子，西门豹果真应邀来到河边。那时河边已经人满为患，三老和巫婆也在其中。西门豹便对巫婆说道："请把献给河伯的女子带来，我要看看她是否足够美貌。"人们连忙将那女子扶下帷帐，送到西门豹身边，谁知西门豹看了那女子竟脸色大变，说："这名女子不够美貌，还得麻烦巫婆到河里转告河伯，我们要重新物色貌美女子送给他，娶亲仪式恐怕要推迟几天！"说完就让衙役把大巫婆抛进河中。

那巫婆在河中挣扎了一下，很快就沉入河底。过了一会，西门豹满脸疑惑地自言自语道："巫婆怎么去了那么久还没回来？来人送巫婆的弟子下去催催她！"说罢就把巫婆的一个弟子扔进了河里。再过了一会,西门豹又念道:"为什么她们还是没有回来复命?再派一个弟子下去!"说着便又扔了一个弟子下河。就这样,西门豹一连扔了三个弟子下河。

眼看巫婆一干人迟迟没来回信,西门豹突然转头看向三老道:"巫婆和她的弟子都是女子,怕是难以将事情说明白,不如就请三老下去禀明情况吧!"说罢就把三老也都丢进河里,然后一脸恭敬地站在河边,好似真的在等待回信。等了很久,河里依旧没有回应,西门豹便将目光放到了廷掾们身上。这些廷掾亲眼看着巫婆、弟子、三老接连被丢入河里,早被吓得魂不守舍,个个争相在地上磕头求饶。西门豹见状才缓缓说道:"好了,看来河伯生性好客,一时半会也不会放客人回来。大家都各自散去吧,别等了。"

从此以后,邺县再无人敢提为河伯娶妻的事情了。

微鉴评

在这个故事中,西门豹开局的处境并不算好。首先,邺县三老以及廷掾在当地的势力根深蒂固;其次,西门豹初到邺县,还是寂寂无名之辈,要想打击这群黑暗势力谈何容易;再次,百姓普遍信奉鬼神之说,所以才不敢轻易颠覆河伯娶妻之事,这时候如果强行废除河伯娶妻的恶习,一旦当地有任何风吹草动都很容易成为被攻击的借口,到那时,就连民众也可能会反过来责怪他。

这就是为什么西门豹身为朝廷命官,却选择将计就计,来与恶势力斗智,而不是利用自己的职务强制铲除他们。当看到三老等人接二连三被丢进河里,还有谁敢请领事为河伯娶亲呢？没有了领头之人，河伯娶亲的事情自然也就不了了之了。

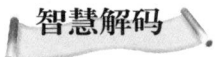
智慧解码

尊重和接纳对方，顺水推舟进行沟通

如何顺水推舟地进行沟通？

沟通和解决问题的过程未必一定要剑拔弩张、针尖对麦芒。顺水推舟地进行交流可以让你的沟通更加顺畅和谐。这里的"顺水推舟"强调的是尊重和接纳对方所拥有的不同立场和看法，在差异中寻找共同点，最终实现双赢。具体你可以尝试这样做：

◎ **避免打断他人发言**。当别人发表观点时，不要急于反驳，也不要打断对方，耐心倾听并等待他们完整表达自己的观点后，再阐述自己的看法。这是基本的社交礼仪，同时也表达了你对对方的尊重，更容易促进沟通和谐进行。

◎ **多用"我们"**。沟通过程中，多用"我们"，将双方从对立的心理状态转为合作的状态，这样可以降低对方的戒备心，拉近双方的距离，让他们感受到你与他们是利益共同体，存在合作的可能性。

◎ **寻找共同点并进行强调**。尝试从对方的发言中，寻找隐藏在其中的共识，这些共识可能是相同的目标、相同的期许或者相同的看法。在你发现了这些共识后，不妨明确指出来，然后再进一步展开讨论。这样可以增进彼此间的认同感，为双方达成共识奠定基础。

有间隙就有可乘之机

原文

间者隙也,有间则隙生。以子之伎,反施于子,拨草寻蛇,顺手牵羊。

译文

所谓"间"指的是间隙,事情一旦有了间隙就有了可乘之机。将对方的手段和计谋,反过来用在他自己身上,就像拨开草丛寻找蛇一样容易,或者像顺手牵走一只羊那样毫不费力。

古事记

宋太祖借画除劲敌

南唐后期,后主李煜一心向宋廷求和,而他的侍中林仁肇却力主收复失地。宋太祖赵匡胤认为懦弱的李煜不足为惧,但林仁肇却堪称宋廷的心头大患,所以他决定离间李煜与林仁肇的君臣关系,借李煜之刀,除去林仁肇。为此,他特地命人画下林仁肇的画像,然后将这幅画悬挂在自己的侧室之中。

开宝六年,李煜的弟弟李从善求见赵匡胤。赵匡胤心知时机已到，便故意安排手下带着李从善在自己的宫殿内四处参观。当来到赵匡胤的侧室时，陪同参观的宋臣指着墙上的画像问李从善说："大人，你可知道这画上画的是谁？"李从善定睛一看，竟是林仁肇！他疑惑地问道："这好像是我们的林仁肇将军，为什么这里会悬挂着他的画像？"陪同官员低声窃笑道："因为林将军私下早已投靠了我们陛下，这画就是信物！说来还是我们陛下仁德宽厚，早早就为林将军专门建了一座豪宅，只等他哪一日正式入朝了！"李从善闻言，十分惊慌，连忙写下密信向李煜告发林仁肇卖国求荣一事。李煜收到信后怒不可遏，随即用一杯毒酒毒杀了林仁肇。

林仁肇死后，南唐越发风雨飘零，只过两年便灭亡了。

微鉴评

宋太祖的这一招借刀杀人之所以取得成功，关键在于他精准地把握了人性的弱点。在一段关系中，猜忌与不信任如同一颗潜藏在人心深处的种子，播种之后就会立刻扎根。即使暂时不发，一旦得到滋养，便能迅速生根发芽，直至长成参天大树，令关系走向破裂。

林仁肇的画像就是那颗无形的种子，他种在李从善心里，也种在了后主李煜的心里，再经由后主心中那份猜疑、忌惮与恐惧的滋养，最终化作一把尖锐的刀刺向了林仁肇，也刺向了南唐的肱骨。

> 智慧解码

积极自我反馈,避免过度戒备

如何避免过度戒备?

对于外界的人和事物常存戒备之心是件好事,它可以让人保持警惕,避免因为轻信他人而掉入陷阱。但是凡事都需节制,过度戒备不仅会加重人的心理负担,使人变得疑神疑鬼,还会严重破坏与他人的关系。如果你察觉自己时常因过度戒备而感到惶恐不安,那么你可以试着这样做:

◎ **明确自己的闪光点。**正确认识自己的长处和优势,知道自己存在的价值,以及能为社会带来的贡献。这将帮助你减少对外部评价的依赖,进而减少对他人评价的关注,减少疑虑。

◎ **时常鼓励自己。**每天都给自己正能量反馈,取得成绩时,大胆肯定及表扬自己的付出;遭受挫折时,安抚并鼓励自己不要气馁。这些来自自己的积极反馈将在潜移默化中增强你的自我安全感。

◎ **冥想放松。**借助冥想或正念类练习工具,可以让你的内心趋于平静,提高专注力,从而达到精神放松的效果。每当察觉到自己在尝试解读他人的行为时,多做几个深呼吸,将自己从紧张的情绪中抽离出来,这可以大幅度减少对他人行为的过度解读。

适当自我暴露也是一种策略

 **原文**

彼阴察之,我明示之。

 **译文**

如果对方暗中观察我,那么我就公开展示给他看。

 **古事记**

孙膑装疯避大难

战国时期,孙膑和庞涓二人师从鬼谷子一同研习兵法。几年后,庞涓提前下山投靠魏国,成了魏国的将军。他通晓兵法,为魏国屡立战功,很快就得到了魏王的信任和重用。而孙膑则选择继续留在鬼谷子身边学习兵法,最终习得了《孙子兵法》的精髓。

庞涓此人生性善妒,不愿天赋与才学均在己上的孙膑来魏国投奔魏王,唯恐其影响自己在魏国的地位,便总是遮遮掩掩不肯引荐。然而后来,魏王还是从墨子那里听得孙膑的才名,便立即派人前去迎孙膑来魏。孙膑的到来显然成了庞涓的心头大患,尤其在各自演示阵法后,庞涓更加嫉恨孙膑的才能。为了维护自己的地位,庞涓私下向魏王诬陷孙膑有通敌嫌疑,说其虽人在魏国,但一心想的却是齐国。魏王听信了庞涓的话,就把孙膑交给他,任由他处置。

心地险恶的庞涓得此大好机会自然不会轻易放过孙膑,他一边假借魏王命令,对孙膑处以刖足黥面之刑;一边则佯装关心孙膑,对其悉心照料,使其放松戒心。起初,孙膑很是感念这份同窗之谊,然而随着时间的推移,孙膑渐渐从服侍的童仆那里知晓庞涓的小心思。对方不过是想要得到《孙子兵法》罢了,只要得到《孙子兵法》,就会活活饿死他。

为了躲过死劫,孙膑决定扮作痴傻的模样。于是,当晚他又喊又叫,一会打翻饭菜,一会把默写的兵书统统烧掉,一会哭,一会又笑,仿佛真的失了心智。服侍的童仆见状惊慌失措,连忙禀告庞涓。庞涓对孙膑的这场突如其来的疯症心有怀疑,就故意让人把孙膑推进猪圈里以试真假。只见那孙膑披头散发,满脸污泥,在脏乱的猪圈中学猪爬行。庞涓看了仍不放心,就又试探着让人给孙膑送来饭菜,而孙膑居然直接伸手打翻眼前的饭菜,然后破口大骂道:"你们是想要毒害我吗?"此时,庞涓已然信了大半,但还是谨慎地派人拾起猪粪交给孙膑再作试探,谁知,孙膑竟毫无顾忌地伸手接过猪粪,津津有味地吃了起来。庞涓这才确信孙膑真的疯了,此后便不再理睬孙膑,也不再严加防范,任由其自生自灭。

没多久,趁着齐国使者来访的机会,孙膑暗中求见并说服了齐国使者将他秘密载回,得以投靠齐国而去,还成了齐国的军师。此后他凭借自身兵学才能辅佐齐国国君打赢了多场大战，几次挫败庞涓。庞涓在马陵之战中自刎而死，至此孙膑的大仇也终于得报。

微鉴评

面对庞涓的狠毒与权势，孙膑采取了一种看似荒诞实则高明的策略——装疯。他衣衫褴褛，蓬头垢面，疯言疯语，甚至在粪堆中打滚，以此来掩盖自己的真实智慧与能力。孙膑当然清楚庞涓派人暗中观察他，但外人的观察只能基于他的行为举止，所以他只需要时时刻刻穿好自己的保护色，就可以成功避开庞涓的进一步迫害。

回归到现实生活也是如此。每个人都有社交面具，不管是刻意展示自己的缺点或脆弱，给自己穿保护色，还是适当表现自己的才能，立好人设，都是一种自我暴露的过程。在运用得当的情况下，这种面具不仅能够拉近我们与他人的距离，还能给别人留下深刻的印象，甚至还可能成为我们的"救命符"。

智慧解码

牢记三个效应，与人初识时拉近关系

与人初识时，如何拉近彼此关系？

外在形象作为我们暴露在外最直接的名片，它不仅反映了我们的个人品位与生活态度，还深刻地影响着他人对我们的第一印象和后续交往的意愿。因此，在与他人初识阶段，需牢记以下几个效应：

◎ **首因效应**。该效应指出，人们在首次接触时所留下的印象即第一印象，将持续影响着他们之间后续的接触和交往。所以，在初次见面时，务必注意自己的穿着打扮、言行举止，尽量展现一个得体、自信的外在形象，给他人留下积极的印象。

◎ **曝光效应**。该效应指出，人们很容易因为频繁接触某一人或事物，而逐渐对其产生好感与偏好。因此，在日常交往中，可以适当增加正面互动频率，积极且持续地展现个人魅力，以此来逐渐加深对方对我们的好感度。

◎ **近因效应**。该效应指出，人们往往会对最近一次交往留下深刻印象，它也将在很大程度上影响对方对我们的整体评价。所以，即便第一印象不佳，我们在后续的接触过程中，仍然可以通过积极表现来改变他人的看法。这也就要求我们在持续交往过程中，每次互动都要尽量保持积极与正向的状态。

善用别人的"嘴"

**原文**

敌之耳目,为我喉舌。借彼之口,扬我之威。

**译文**

将敌人的耳目转化成替我说话的口舌,借他们的嘴,宣扬我方的威势。

**古事记**

班超出使西域

东汉时,为了团结西域共同抵御匈奴,汉廷派班超出使西域前去打通南北要道。可是坐落于大漠西边的莎车国却鼓动其他邻国归顺匈奴一同反汉,班超因此决定先把莎车国吞灭。

面对凶悍的汉军,莎车国为求自保,只能转头向龟兹国求援。龟兹王果真亲领五万大军前来救援,而班超联合于阗等国也只勉强凑足两万五千兵马,实在不足抗衡。

于是,他决定用声东击西的计谋智取莎车。首先,他在军中传播三军不满班超的谣言,还故意营造不敌龟兹,意欲退兵的假象，以此混淆莎车俘虏的视听；接着他又佯装慌乱撤兵，故意放跑莎车俘虏。那莎车俘虏回到莎车后立刻向上禀告自己在汉营的听闻，以及汉军慌忙撤兵的消息。

龟兹王闻讯自然十分高兴，认为这正是乘胜追击的好机会，便下令军队分兵沿班超的撤兵路线追杀汉军。那夜夜幕渐浓，班超率大军不过才退出十里地，便就地隐藏起来，而那龟兹王一心求胜，并未发现汉军隐匿的踪迹，直接飞驰而过。

就这样，班超成功骗走了龟兹王的大军，趁莎车国实力最弱之际，与于阗国汇兵大举进攻莎车。莎车毫无防备，很快就被汉军击败。再看另一边的龟兹王，他苦追一夜却未见汉军踪迹，后又听闻莎车已败，心知已无胜算，只好班师回国。

微鉴评

如何利用他人的言语巧妙地反转？班超交出了一张标准的答卷。他利用敌人的卧底传播虚假信息，以此混淆敌人耳目，最后成功实现声东击西，一举击败了莎车。

兵法说"兵不厌诈"，两军交锋除了勇字，还是计谋的交锋。虚虚实实，真真假假，尽在双方博弈之中，别人的耳目未必就不能成为我们的口舌。

生活中，人们习惯靠自己的言语来表达，却不曾意识到他人的言语也能成为我们传递信息的有效工具。实际上，此法一旦运用得当，往往能收获意想不到的效果。

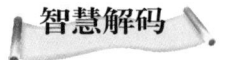
智慧解码

巧妙引入第三方，推进沟通事项发展

如何在沟通中引入第三方？

在一些特殊场景中，借第三方传话能起到比直接沟通更好的效果，这是因为第三方的介入能在一定程度上起到缓和作用，在不经意间推进沟通事项的发展。不过，考虑到间接沟通容易出现信息失真或缺漏的情况，引入第三方时还需注意以下几点：

◎ **选择合适的第三方。** 介入的第三方作为本次沟通的核心中转枢纽，需要是一个可靠、公正且善于沟通的人，这样才能确保沟通过程顺畅无阻以及信息的准确传递，且让沟通双方都感受到平等和尊重。

◎ **清晰地表达意图。** 为了避免沟通过程出现信息传递不完全的情况，在请第三方介入时，一定要将传达的内容准确无误地告知第三方，确保双方对传递内容的理解一致。

当然，除了上述较为严肃的传话场景外，还有一些相对轻松的沟通场景同样适合引入第三方。譬如赞美的场景。有时候，赞美的话若在"不经意"间通过第三方传到被赞美者的耳朵里，往往能带来意想不到的温馨与喜悦。

第十 机变卷

——唯有努力奔跑才能跟上时代变化

为什么有的人能快速适应外部变化?
怎样才能让自己在变故面前保持淡定?
如果某条路走不通,为什么不换一条?

世界本来就处于变化之中,
唯有适者才能生存。

用变化的眼光看世界

原文

身之存亡,系于一旦;国之安危,决于一夕。唯智者见微知著,临机而断。因势而起,待机而变。机不由我而变在我。故智无常局,唯在一心而已。

译文

个人的生死有时只在瞬息之间,国家的安危有时就在顷刻之间。智者善于透过细节发现事情的本质,并及时做出决断。他们依靠形势而崛起,等待时机而行动。虽然机遇不受我控制,但行动却在我掌控。所以谋略没有固定的模式,完全取决于内心罢了。

古事记

郑人逃暑

从前有一个郑国人因为怕热,所以跑到一棵大树下借着树荫避暑。白天,太阳在空中移动,那大树的影子也随之移动,于是他便跟随着树荫的移动一次又一次地挪动自己的铺席。等到黄昏时分,他才把自己的卧席挪回到了大树下。

没多久,月亮出来了。眼看月亮也在空中移动,而树影也跟着在地上移动。这位郑国人有了白天的经验,便依样画葫芦地随着树影挪动着自己的卧席。没想到的是,这一次露水沾湿了他的衣衫,并且随着树影移动,他身上的衣服也越来越湿。

微鉴评

在这个世界上,唯一不变的只有变化本身。如果一个人不能以变化的眼光看待世界,自然也无法随着变化做出调整,最终只会被进步的洪流所裹挟,然后被时代遗忘于脑后。

《郑人逃暑》这则寓言正是以小见大地为我们呈现了在外界条件不断变化的大背景下,不知变通所带来的后果。不可否认,郑人在烈日炎炎时选择在树荫下避暑是聪明的。但是随着夜幕降临,他却不知变化,仍沿用白天避暑的方式躲避露水,丝毫不考虑露水正是附在树叶上的,结果自然苦不堪言。

无论是个人成长还是社会发展,都需要我们拥有一种开放的心态和灵活的思维,勇于接受新事物,敢于挑战旧观念,以变化的眼光看待世界,以积极的态度应对变化,这样才能不被时代洪流所抛下。

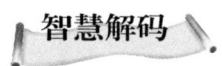

智慧解码

利用黄金圈法则,在变化的世界中安然自处

在变化的世界中,如何自处?

世界总是动态变化的,身处其中的我们如果缺乏良好的自

我框架，就很容易在变化中随波逐流，最终导致迷失方向。关于这点，领导力专家西蒙·西内克所提出的黄金圈法则为我们提供了一个很好的思考框架（图10-1）。它以三个同心圆为基础，自内而外分别由"为什么""怎么做""做什么"三个部分组成，主张从内而外展开思考，即首先明确我们的目的或动机，接着思考如何实现，最后才落到具体的行动上。

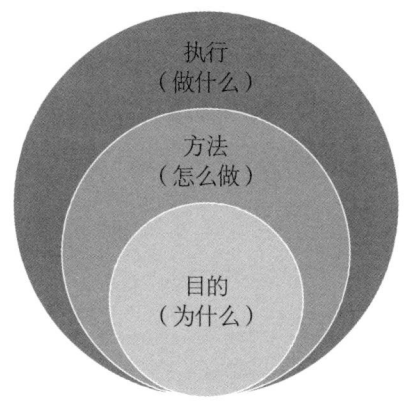

图 10-1　黄金圈法则

在动态变化的环境中，这种从内而外的思考方式尤为重要。因为外界的变化首先影响的往往是我们的具体行动，而较少直接触及我们的核心动机或目的。因此，当我们清晰地理解了我们为什么要做某事时，就能够在这个不断变化的世界中保持坚定的方向感。

变通之中求发展

原文

机者变也。惟知机者善变。变则安,不变则危。

译文

机遇往往与变化并存,只有能够捕捉机遇的人才能做到灵活变通。变通能使人得以保全,不善变通则容易陷入险境。

古事记

檀道济唱筹量沙

南朝宋元嘉八年,刘宋军以檀道济为总都挥师北伐北魏。由于战事胶着,又遇粮草短缺,刘宋军队处境十分危险。这时,一名刘宋逃兵向北魏将领泄露了刘宋军粮草短缺的情况。北魏将领随即派兵追击刘宋军,想通过围困断粮的办法将其歼灭。一时间刘宋军军心大乱。

然而,檀道济却不以为意,命令将士们就地安营扎寨。当夜,他又亲自带着几个士兵在营中清点粮草。他先是让其中几个士兵用米斗量米,然后又命另外几个士兵手拿竹筹高声计数。

一量一唱，营帐内好不热闹。彼时，北魏军的密探就在营外偷偷张望着，看得并不真切，只觉得刘宋军将米袋全都装得满满当当，便回去禀告北魏将领道："宋军粮草十分充足，如果我军执意决战恐怕不能取胜。"北魏将领听了探子的密报，认定投降的宋兵是诈降，就一刀杀了那名宋兵，然后鸣金退兵。

事实上，宋军的米袋里装的全都是沙子，所谓"满满当当"的白米其实只是覆在沙子表面那薄薄一层罢了。

微鉴评

众所周知，粮草短缺是军中大忌。在如此生死攸关的困境面前，刘宋军如果硬着头皮与北魏军打，只会自取灭亡。如果加急向朝廷索要粮草，也只怕远水解不了近渴。显然，常规的解决方案根本无法解决问题。

于是，檀道济选择了变通：叛兵所言就一定是真的吗？暗探所见不能是我方想要对方看到的吗？粮草一定就是真的吗？想清楚这三个问题，一套逆向解决方案就出来了：米可以用沙代替，只要对方认为是米即可。就这样成功蒙骗了敌军暗探，将危机转化成了军队的生机。所以，解决方案不一定要循规蹈矩，有时候灵活变通也能带来惊喜。

智慧解码

培养逆向思维，让自己更懂得灵活变通

过往的知识和经验能够让人们遇到问题时，快速找到解决

方案，但也会把人们的思维框起来，让人难以适应变化。于是，跳出惯性思维就成了时代向人们提出的一大挑战，它要求人们做到：

◎ **从反面看世界**。条条大道通罗马，事情的解决方案并不唯一，此路不通就换一条，或许从反面入手，运用逆向思维就能解决问题。就像案例中宋军所面临的断粮问题，正向思维是解决粮草问题，逆向思维是暂时不解决粮草问题，而解决敌方的认知问题。

◎ **带着问号看世界**。好奇心是打破惯性思维的第一把钥匙，只有对未知充满好奇，才有动力去尝试新的方法，探索新的领域。所以，要带着求知欲去看待生活的点滴，试着不断提出问题，并寻求答案，这样就可以极大地丰富我们的知识面。

◎ **保持怀疑的态度**。不懂得过滤信息，不仅会让我们变得偏听盲从，还会让我们渐渐失去独立思考的能力。所以，不管什么时候，都要对信息保持怀疑态度，通过多方求证和交叉验证，确保获取的信息准确可靠。

不小瞧任何一点嫌隙

原文

物必先腐而蠹生,事必有隙而谗起。察其由,辨其伪,除其隙,谗自止矣。

译文

东西一定要先腐烂后才会长出虫子,事情必定是先有了嫌隙,才会产生谗言。观察事情的起因,分辨真假,除去它的嫌隙,那么谗言就会自动停止。

拓跋焘慧眼识忠臣

北魏太武帝拓跋焘喜好下棋。一日,大臣古弼进宫觐见,恰巧碰见拓跋焘在和刘树下棋。古弼在旁等候许久,却始终没能向拓跋焘上奏。他不禁怒火中烧,便来到拓跋焘与刘树身旁,一把抓住刘树的头,把他拽到地上拳打脚踢,一边打一边斥责道:"陛下不问朝政,都是你的罪过!"

拓跋焘赶忙放下手中的棋子说:"我没有听你上奏是我的错,

并非刘树的过错！你快点放了他！"就这样，古弼才得以将自己所奏之事详细上报。拓跋焘听完后也被古弼的正直忠诚所感动，不仅采纳了他的提议，还不再追究他冒犯君上的罪过。

事后，古弼回忆起自己的行为，内心十分自责。于是赤着脚，摘下帽子，来到公车门前，请求拓跋焘治他大不敬的罪。拓跋焘得知后忙让人把他召进宫里，安抚道："你先把鞋子和帽子穿戴好。我听说有人戴好帽子去敬神，神明不仅不会怪罪他曾跛着脚修筑祭祀场，还会降福于他。这么看来，你并没有什么罪过。以后只要是有利于国家和黎民百姓的事情，你都可以抛开顾忌，尽管上奏。即使情况仓促，我也不会加以怪罪。"

微鉴评

一个国家走向衰落往往与君臣离心有很大关系，君臣之间一旦离心，势必就会产生矛盾，从而给敌人留下可乘之机。拓跋焘与古弼都很了解这点，所以君臣二人在事后都各退一步。古弼赤脚、脱帽向拓跋焘请罪，以示自己对皇帝的尊重之意；拓跋焘则以修祭社、敬神明为例，向古弼表达了自己的谅解与支持，解除了古弼的后顾之忧。这才是正确且明智的君臣相处之道。

普通人之间的相处也是如此。当两人之间存在嫌隙时，他们就难以相互信任、共同前进。只有及时解决彼此的疑惑、矛盾及隔阂，才能确保两人之间不存在间隙，也才能做到无懈可击。

智慧解码

摘掉有色眼镜,消除隔阂

被误会时,如何消除隔阂?

隔阂就像一堵无形的墙,将沟通双方的心远远隔开,严重阻碍着双方的关系发展,甚至可能引发冲突与矛盾,因此需要我们妥善处理。然而,由于主观成见的存在,社交隔阂无处不在,随时可能见缝插针地出现在人际交往中。这就需要我们做到:

◎ **摘掉有色眼镜**。当我们戴着有色眼镜看人时,就会不自觉地寻找符合我们认知的证据。因此,与人交往时,尽量给自己积极正面的自我暗示,避免掉入自我设定的陷阱中。同时,遇事不要急于下结论,要尝试从多个角度去理解对方的动机和行为。

◎ **及时沟通**。当存在隔阂或误解时,与其在心里暗自揣度或猜测,不如开诚布公地将问题摆到台面上进行沟通,交流彼此的看法。

事实上,隔阂、误会、猜忌并非完全无可救药,只要方法得当,它们仍大有机会被消除。

处变不惊乃大将之风

**原文**

知机者明，善断者智。势可度而机可恃，然后计可行矣。处变不惊，临危不乱。见机行事，以计取之，此大将之风也。将错就错，以讹传讹，移花接木，巧取豪夺。敌快我慢，以智缓之；敌强我弱，以计疲之。釜底抽薪，此消彼长。敌缓则我速，敌弱则我强。此亦机变也。

译文

能够看清楚时机的人是聪明的，擅长决断的人是智慧的。形势可以预测，机会能够利用，那么计策就能实施。面对变化时不惊慌，面对危险时不慌乱。见机行事，通过谋略来获取，这是大将的风范。顺着错误继续下去，通过谣言传播谣言，移花接木，可以智取也可以强行抢占。在敌人快速而我们缓慢时，就设巧计来延缓他们；在敌人强大我方弱小时，就要用计来拖垮他们。对强大的敌人釜底抽薪，就可以使我方和敌方势力此消彼长。当敌人慢时，我们就要提高速度；敌人势弱时，我们就要强大起来。这也是一种随机应变。

古事记

弦高犒师退敌军

秦穆公三十三年,孟明视受命领军悄悄潜进滑国,准备伺机进攻郑国。这个消息被郑国商人弦高所获知,可时间紧迫,他已经来不及回郑国报信了。弦高苦思冥想良久,终于想到破解办法:一面遣人回国送信,一面拖住秦军步伐。

是夜,弦高来到孟明视军中高声喊道:"郑国使者前来求见秦军主帅!"孟明视对此震骇不已,还以为计划败露,就连忙让人把使者带上来。弦高到营中后,一脸从容地说道:"我国国君听闻您领军从滑国路过,特地派我略备薄礼前来,好犒赏三军将士。"说着就将四张熟牛皮、十二头膘肥的牛献给了秦军。

孟明视心想,我军才踏入滑国领地,郑国使者就赶来犒赏,这不正说明他们早已有所防备吗?这样一想,孟明视也就不敢有所轻举妄动,只好收下犒赏,惺惺作态地说道:"我国君主担心晋国会趁你们不备来讨伐你们,特命我过来相助。"弦高答道:"我国夹在晋国和秦国两个大国之间,自然是要日夜操练以防袭击的。我国虽小,但也为应战做好万全准备了,绝不怕任何军队来袭,将军大可放心。"孟明视听了不由得暗暗吃惊,但仍面不改色地回应说:"我此次还有另一个任务,那就是进攻滑国。既然你如此说,那我们也就不过多打扰了。"

另一边,郑王收到弦高的密报后,忙派人前去察看秦军动态,发现秦军果然早已整装待发,意欲图谋不轨。于是他便派人对秦军喊话道:"将军们在此地逗留已久,我国粮草、牛羊都已消耗干净了,还请将军们自行离去。"当地秦军听了这话,知道偷袭的计划已经暴露,便连夜撤兵离去。郑国由此得以安然度过危机。

微鉴评

遇到危机时,人下意识地会陷入恐慌和无措之中,这是人类面临突发状况时的一种本能的、正常的心理反应。当然,历史上也有许多智者能在千钧一发之际用智慧和策略来化解危机。

弦高就是一个典型的例子。他在面对敌军突袭时,以一种超乎常人的冷静与敏锐,迅速剖析出敌军的心理状态:选择偷袭,那必定实力有缺,心有顾忌。所以接下来,他见机行事,以犒师之名,向敌军传递了一个错误信息——郑国早已严阵以待。这一招,不仅成功误导了敌军,更在无形中削弱了敌军的士气与信心,最终迫使敌军在权衡利弊后选择了自行退军。这种机智和镇定,不仅保全了郑国的安全,也让他成为历史上的一位传奇人物。

智慧解码

利用时间四象限,培养处变不惊的心理素质

如何培养处变不惊的心理素质?

处变不惊,是一个人处理问题、应对复杂情况的重要能力。在这一过程中,保持冷静与理智尤为重要。这就需要我们在日

常生活中做到：

◎ **风险预案**。良好的风险管理可以大大降低变故发生的概率。不论大事小情，提前做好充足的风险预案，能让我们在迎接未来和未知时更加从容。

◎ **积累知识与经验**。充足的知识和丰富的经验可以帮助我们更快、更合理地处理突发事故，同时也能在一定程度上给予我们信心和底气，降低变故带来的恐慌感。

◎ **处理框架**。一套有效的处理突发事故的框架，可以帮助我们在紧急关头快速恢复条理性。时间管理理论中的四象限原则可以给我们带来启发（图10-2），即把工作按照重要和紧急两个维度进行划分，分为四个象限：既紧急又重要、重要但不紧急、紧急但不重要、既不紧急又不重要。相应的，我们会采取优先处理、未雨绸缪、移交处理、放缓处理等方式应对。

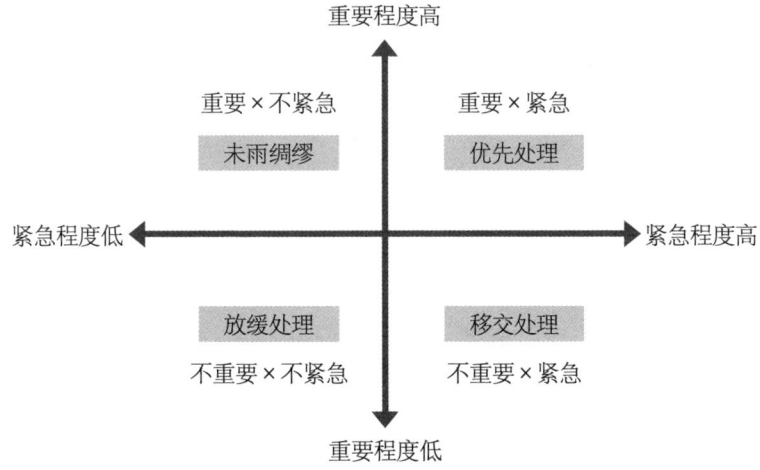

图 10-2　时间四象限

利害关系是最可靠的纽带

原文

危在我,而施于人。故我危则人危,人不欲危,则必出我于厄难。

译文

当我遭遇危险时,要学会把风险责任分担给别人。如此一来,我一旦陷入危险,别人也会陷入危险。如果他不希望自己陷入危险,就一定会帮助我脱离险境。

古事记

张丑丢珠保命

齐国曾将大臣张丑送到燕国当人质,后来齐、燕两国势如水火,燕王便下令处死张丑。张丑闻知此讯慌忙逃回齐国,可当他来到边境时,却被驻守的官吏认了出来。那官吏一把抓住他,想把他扭送回去邀功。

谁知,张丑却面不改色地说道:"你可知道燕王为什么要杀我?因为有人举报说我身上藏有一颗宝珠,而燕王想将那枚珠子占为己有。我已经丢了那枚珠子了,可燕王不肯相信,这才下令追杀我。如果你把我抓到燕王面前,那么我就说是你吞了我的宝珠。到时候,燕王一定会为了那颗珠子下令剖开你的肚子!"

那官吏听了这话,心中惶恐,只好放张丑离开。

微鉴评

许多人在与人交涉时,下意识会选择利诱对方,其实每个人都会面临各种各样的诱惑,你很难保证自己抛出的利益就是最吸引人的,特别是在互相不了解的情况下。这就是利诱往往难以达到目的的原因。除此之外,利诱还有一个坏处,那就是很容易养大对方的胃口,进而导致自己的处境更加被动。

所以与其如此,不如反其道而行之,将自己与别人的安危和利益捆绑在一起。就像张丑,如果他用金银珠宝来利诱那名官吏,恐怕难以如愿,因为擅自放走朝廷钦犯的风险太大,远不如扭送回去邀功划算。但反过来,如果将他与自己捆绑为一体,以此作为威胁,就能成功吓住对方。此时对方想要让自己安全,就必须先确保张丑的安全。这是一种威逼,也是一种谋略。

智慧解码

打破旁观者效应,让别人伸出援手

如何让别人伸出援手?

生活中的很多场景下，我们都需要他人的帮助和配合。不少人都曾经历这样的场景：在向多人求助时，明明只是举手之劳，却迟迟没有人伸出援手，并且在场人数越多，情况越明显。这是因为旁观者效应正在悄然发挥作用——由于有多人在场，人们往往习惯性地认为其他人会采取行动，于是他自己就会倾向于不采取行动。

基于这一理论，为了更有效地获取他人的帮助和配合，在需要帮助时，我们不妨直接点明某一个具体的人，避免态度模糊地向一群人发出求助或提出要求。这样可以减少责任分散，让对方明确感受到自己是被期待采取行动的人。

在适当情景下，我们还可以尝试用简短的话语与对方建立一定的情感联系，拉近彼此的距离，以此增加获得帮助的可能性。

第十一 讽谏卷

——毒舌式『为你好』更可能伤害彼此感情

为什么好心提建议总得不到好回应?
为什么提出反对容易适得其反?
怎样才算是真正的"为你好"?

没有人完全不在乎面子,
同样的话换个说法或许就会被接受。

忠言未必要逆耳

原文

讽,所以言不可言之言,谏不可谏之谏。谏不可拂其意,而宜恤其情。谏人者宜为人谋,不为己虑。

译文

所谓讽谕就是用来说不能说的话,劝诫不能劝诫的事情。劝谏时不应该违逆别人的意愿,而应体恤对方的心情。劝谏的人,应当为别人谋划,而不应为自己考虑。

古事记

晏子智劝齐景公戒酒

春秋时期,齐景公喜好喝酒,常喝得酩酊大醉。朝内一名叫弘章的大臣见状进宫劝齐景公戒酒。他说道:"大王酗酒多日,不理朝政,再这样下去,国家势必会陷入危难,所以臣请求大王为了社稷安危一定要戒酒。"齐景公反问道:"那如果我不戒酒又怎么样呢?"弘章回答:"如果大王决意不肯戒酒,那么就请赐臣死罪。我实在不能容忍自己眼睁睁看着大王酗酒,却无所作为，这比杀了我更令我难受！"说罢，弘章就离开了。

恰好此时，晏子回国求见齐景公。他见齐景公一副左右为难的样子便问："大王因为什么事情而苦恼？"齐景公答道："弘章进宫劝寡人戒酒，还以命相逼。寡人不愿意戒酒，但也不愿意贤臣白送性命，这才左右为难。"晏子听完说道："还好弘章遇到的是您这样的大王，我真为他感到庆幸。"齐景公闻言十分诧异，晏子继续说道："如果弘章面对的是商纣王，那么他会落得怎样的下场呢？恐怕早就被诛杀了吧！如今好在他遇到的是大王您，可他却还给您出这样的难题！大王您该怎么处理，还需要别人提醒吗？"说完，晏子便辞别了齐景公。

晏子走后，齐景公在心中反复品味他的那番话，心中渐渐有了分解：一个不愿采纳臣子劝谏的大王和残暴的商纣王有什么区别呢？诛杀了弘章不就等于封住了臣子进谏的路吗？他越想越觉得自己犯了大错，于是当晚就写了一封信给弘章。信中，齐景公深刻检讨了自己酗酒的错误，并郑重承诺一定会为了国家昌盛而戒酒。

微鉴评

齐景公之所以左右为难，除了他自己所说的不愿戒酒外，还有另一层原因，那就是面子问题。如何解开齐景公的心结，维护他的面子，远比劝他戒酒更重要。

所以，晏子在劝齐景公时并没有直接表明态度，而是先夸赞齐景公是位仁君，并将齐景公与商纣王进行对比。这样既维护了齐景公的面子，又给了他一个台阶下，实在不可谓不高明。

很多人在劝诫别人时喜欢把"忠言逆耳"挂在嘴边，但是平心而论，如果能有中听的劝言，有谁会选择难听的告诫呢？所以，在劝谏他人时不妨委婉一点，多为别人的"面子"考虑。

智慧解码

通过提问，使劝诫更容易被接受

不管面对的对象是谁，如果你希望劝诫他们改掉某些习惯或行为，那么就一定要注意分寸和方式，避免损伤他们的面子。实操中，你可以通过提问的方式来引导对方进行思考和反思。需要注意下列几点：

◎ **提问不是反问**。首先要明确的是，提问是开放式探讨，而不是带着答案咄咄逼人地追问或反问。提问中立平和不带情绪，而反问则容易让人感到不受尊重，错用问法会适得其反。

◎ **引导性地提出问题**。使用诸如"你怎么看待……""你觉得为什么会……""这件事给你带来什么影响"之类开放式问题来引导对方思考，帮助对方意识到问题的严重性，同时也能为后续讨论创造深入的背景。

◎ **自由探讨**。在对方意识到问题后，你可以尝试进一步提问，引导他们思考解决方案。如"你觉得怎么办比较好""你倾向于怎么解决"等。此时，我们就可以适当加入自己的建议和看法。

千万不要打着"为你好"的旗号把"忠言逆耳"挂在嘴边，真正的"忠言"应当是润物细无声的，在潜移默化中让对方得到成长。

聪明的阻止不是直接反对

原文

或激之勉之，以达其意。或讽之喻之，以示其谬。进而推之，以证其不可行也。

译文

激励他或者劝勉他，来表达自己的意思。或者讽谏，或者比喻，来揭示他的错处。按照他的思路进行推断，来证明他的做法不具可行性。

古事记

荀息杂耍劝晋王

春秋时期，晋献公一时心血来潮，打算斥巨资建造一座九层高台供自己玩乐。建高台无疑是劳民伤财的举动，所以很快便引来天下人的不满，群臣闻讯也纷纷前来劝阻。然而，晋献公却一意孤行，还下令说："谁再劝阻，一律杀无赦。"

这日大臣荀息进宫求见晋献公，说自己此次进宫不是为了劝谏，而是为了表演杂耍给献公看。晋献公一听这话，便欣喜应允了。

　　只见荀息一本正经地拿出十二枚棋子,一颗一颗垒在地上,接着又拿了九个鸡蛋,挨个叠了上去。眼见鸡蛋越叠越高,在场的人都不由自主地屏住了呼吸,眼睛直直地盯着鸡蛋,生怕它们下一秒就摔了下来,晋献公更是紧张地双手紧握桌沿,嘴里不住叨念:"太险了,太险了!"荀息听了这话便接口道:"我还见过比这个更惊险的事情呢!"晋献公好奇地问道:"什么事能比高垒鸡蛋更惊险呢?"荀息答道:"您下令修筑九层高台,想必没有三年无法停工。在这三年里,国中百姓都无法正常劳作。等到有朝一日,国内民不聊生,国库空亏,万一此时国外有敌人来袭,那么我们的国家不就是陷入巨大危机之中了吗?"

　　晋献公听了不禁陷入深思:"原来我竟在不知不觉中犯下了这么大的过错!"说罢就立即下令不再建造九层高台。

微鉴评

　　在一个人心血来潮要做一件事情时向他泼冷水,显然并非明智的举动。这是因为很多时候,心血来潮不过是一时兴起,过了那一瞬间或许就兴致大减了。但如果这时被人泼了冷水,事态反而可能出现变化,逆反心理更容易激起他内心的躁动。这就是为什么大臣们越劝,晋献公越一意孤行。

　　面对这样的局面,荀息以垒蛋形象地比喻建造九层台,让晋献公自己说出"太危险了"这样的话,再将话题引回九层台。如此一来在晋献公有所醒悟的同时,九层台之事自然也就作罢了。

大多数时候，有技巧地劝说比一味地阻挠更有效，也更容易让人接受。

智慧解码

利用福格行为模型，巧妙地阻止对方

如何巧妙地阻止别人？

如果你想阻止别人做某事，就不要急着否定对方，而先要理解他做事的动机逻辑。人们坚持做一件事一定有一个最直接的原因，那就是"他想做"。反过来说，如果你想要阻止他做这件事，就要把"他想"变为"他不想"。

依据行为科学家比约恩·福格所提出的福格行为模型（图11-1）可知，一个行为的发生，需要同时具备动机（M）、能力（A）和触发（P）三个要素。也就是说，当他想做某事的时候，必然已经同时具备了某种行为动机、足够的执行能力以及一定的触发因素。那么我们只要反其道而行，削弱这些要素，就可以成功地让对方产生动摇，进而生出"不想"的念头。

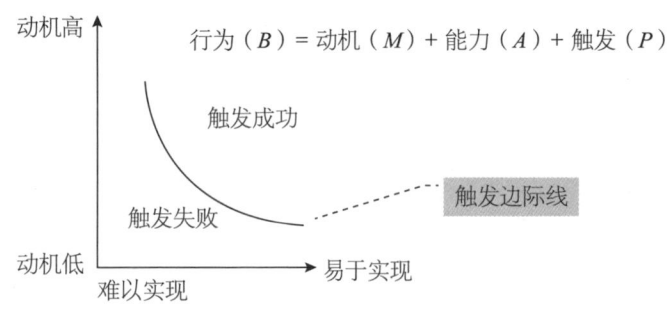

图 11-1 福格行为模型

譬如，在动机层面，通过利弊分析，使之感到利益受损，进而降低其行为动机；在能力层面，通过阐述该行为带来的连锁事件，使之感到困难，力不从心；在触发因素层面，利用其他事情转移其注意力，淡化他做某事的激情等。

顺着对方的思路，引导对方主动放弃，会比强行阻止更有效果，而且也不会引发双方矛盾。

提建议也要有艺术

 **原文**

谏不宜急而宜缓,言不宜直而宜曲。嬉笑之中蕴乎理,诙谐之中寓乎道。

 **译文**

劝谏不应该操之过急,而应娓娓道来;说话不要过分直接,而要委婉。要懂得在玩笑之间蕴含道理,在幽默之中暗藏道义。

古事记

优旃妙谏秦王

秦朝时,歌舞艺人优旃十分善于进谏,曾多次巧妙地进谏秦始皇和秦二世。

这日天气阴沉,微雨朦胧,秦始皇端坐在大殿之上设酒宴请众位大臣。殿内秦始皇与群臣神情悠然,而殿下的士兵则在冒雨站岗。士兵们个个冷得手脚发抖,但因为没有皇帝的指令而不敢擅自移动位置。优旃不忍心士兵一直淋雨,便私下交代士兵们说:"如果你们想要休息,那么就要配合我。一会我会呼喊你们，请你们一定要齐声回应我。"过了一会，优旃果真趁着群臣向秦王祝酒的机会，来到栏杆边对士兵们喊道："士兵们！"士兵们闻声随即呼应道："在！"优旃得到回应便又继续说："你们虽然个个高大威武，可有什么用呢？只能在殿下淋雨罢了。再看看我，虽然身材矮小，却能有机会在殿内休息。"秦始皇听了优旃的话，才想起殿外的士兵正淋着雨，方才下令让士兵们轮流休息。

秦始皇一统天下后就想扩建苑囿，饲养飞禽和走兽供自己玩乐。此前，他并未想到大规模扩建意味着劳民伤财，直到这日，优旃趁朝臣商议此事的时机对秦始皇说道："扩建苑囿是个好主意，小人建议大王在苑囿里多多饲养麋鹿，一方面方便大王射猎，另一方面当外敌来犯时，它们还能用鹿角抵抗敌人！"说着，优旃又弯下腰，把两手放在头上装作鹿角，模仿麋鹿顶人的动作。秦始皇见了不由得笑出声来，扩建苑囿的事情也就由此搁置了。

等到秦始皇去世后，胡亥继位，史称秦二世。这天，胡亥心血来潮想把咸阳的城墙重新油漆一遍，优旃闻知便附和道："太好了！皇上的想法与小人不谋而合。重新油漆城墙虽然劳民伤财，却不失为一件好事，因为城墙油刷后会变得光滑，这样一来，即使有贼人来袭也别想通过爬墙进来。"然后他又沉吟了一会才继续说道："可是油漆后的城墙需要阴干，且最忌讳曝晒，也就是说，我们还要搭建一座大房子来做遮盖。这可是件麻烦事。"胡亥想要油漆城墙本只是突发奇想，如今，他一听这么麻烦，便也就不再强求了。

微鉴评

劝说别人的方式有很多种，抓住人的心理进行劝说，往往能有事半功倍的效果。

对于秦始皇而言，抵抗外敌，一统天下是他的心愿。所以相较于建设苑囿以供自己玩乐，秦始皇更在意的是军事上的建树和国家的安危。因此，当优旃劝阻秦始皇扩展苑囿时，才会故意将苑囿与外敌来犯联系起来。这样的劝谏既说到了秦始皇的心里，又不至于使气氛陷入尴尬。而对于秦二世而言，玩乐是最重要的事情，油漆城墙不过是一时兴起的念头，所以优旃在劝阻他的时候就故意着重讲油漆城墙可能引发的一系列麻烦事。那秦二世本来就是为了娱乐，一听这么麻烦，自然就会自动选择放弃，并不会责怪优旃扫兴。

由此可见，提建议也要讲究艺术，分析不同人的心理，运用不同的策略才能取得更好的效果。

智慧解码

利用三明治表达法，委婉地提建议

如何委婉地给别人提建议？

给别人提建议时，直接而尖锐的措辞往往容易引发对方的抵触情绪，进而影响沟通效果。三明治式建议法就为我们提供了一种委婉但有效的沟通框架（图11-2），其核心在于将建议夹在两层正面评价之间，从而使建议更容易被接受。

◎ **三明治第一层**：先对对方的某些优点或成绩表示肯定，让对方感受到被尊重和被认可，以此营造积极的沟通氛围。

◎ **三明治第二层**：自然且温和地提出自己的想法和建议，**指出对方可以改进的地方**。注意在确保这些建议具体可行的同时，避免使用攻击性或贬低性的言语。

◎ **三明治第三层**：再次给予对方**正面评价和鼓励**。这一次正面评价旨在强调对方的潜力和价值，让对方看到改进的可能性和希望，激发其改进的动力。

图 11-2 三明治表达法

总之，提建议的时候，一定不要忘了你的目的是为了帮助对方改进不足，而不是挑起对立情绪，避免用批评或批判的语气态度对待对方。

真正的好是帮对方看清自己

原文

见君之过失而不谏,是轻君之危亡也。夫轻君之危亡者,忠臣不忍为也。

译文

看到君主的过失却不劝谏,就等同于忽视君主的危亡。忽视君主的危亡这种事情,身为忠臣是不忍心做的。

古事记

邹忌讽齐王纳谏

邹忌身高八尺有余,身材威武,且外貌俊美。有一天他穿戴整齐站在镜子前,一边端视自己一边问妻子道:"我和城北的徐公相比,谁更英俊呢?"妻子答道:"当然是您更俊美,徐公怎么能和您相提并论呢?"邹忌又问自己的小妾:"我和徐公谁更英俊?"小妾也答道:"徐公怎么可能比您更俊美呢?"次日有客人来访,邹忌便问那客人:"我和徐公谁更英俊?"客人斩钉截铁地回答道:"徐公肯定不如您这么英俊!"

又过了一天,徐公到邹忌家中做客。邹忌便仔细地观察了对方一番,后来又认真照了照镜子,觉得自己比不上徐公。当天晚上,邹忌辗转反侧,左思右想终于明白了其中道理:"妻子偏爱我,所以认为我貌美;小妾惧怕我,所以说我貌美;客人则是因为有求于我,才夸我貌美。"

于是邹忌进宫求见齐威王禀道:"我其实知道自己的外貌并不如徐公,可是我的妻子偏袒我,小妾惧怕我,客人有求于我,所以她们都说我比徐公英俊。由此类推,现在的齐国国土广阔,延绵千里,城池有一百二十座,而王上您的妃子姬妾、心腹左右没有不偏爱您的,朝中众臣没有不惧怕您的,国内百姓也没有不有求于您的。可见,您应该也与我一样倍受蒙蔽。"

齐威王听了也觉得很有道理,便下令道:"举国上下,凡能当面批评我的都能得到最上等的奖励;通过书信向我进言的都能得到中等奖励;在公众场合指责我,并且被我知道的都能得到下等奖励。"自此,齐国大臣纷纷前来进谏,宫廷内外一时间热闹非凡。几个月后,偶尔还有人前来进言。一年后,纵使有人想进言也找不到可以规劝的地方了。

微鉴评

如果一个人长期身处鲜花和掌声之中,那么他就会深陷其中,很难客观地评估自己。在这件事上,邹忌做得十分出色,他并没有沉溺在他人的追捧和夸耀中,而是及时认清赞誉中掺有水分的事实,正视自己与徐公的差距,并由此想到比自己更容易受蒙蔽危害的齐威王。

不过，这个故事也让我们进一步思考：怎样才称得上真正的对一个人好？无视事实，一味夸奖或者一味遮掩短处真的就是"好"吗？显然不是的。真正为对方好，是要帮助他看到自己的优劣势，帮助他扬长避短，成为更好的自己。

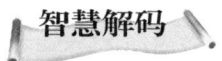
智慧解码

采用 XYZ 沟通法则，委婉地提出批评

如何委婉地提出批评？

批评的本质在于促使对方按照我们期待的方向改变，而不是故意给他们难堪，更不是为了激化双方的矛盾。高情商的人通常会采用 XYZ 法则来进行沟通（图 11-3），其中 X 代表事实，Y 代表感受，Z 代表需求，即阐述事实、表达感受、提出需求。常见的说法有："你做了 X，这让我觉得 Y，我希望你能 Z。"值得注意的是，在阐述事实的过程中，一定要做到就事论事，避免扩大讨论范围。这就要求我们尽量避免诸如"总是""又""经常"一类过于泛化的词语。

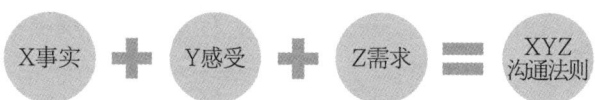

图 11-3　XYZ 沟通法则

当学会了委婉地提出批评，你就会发现当把抱怨和不满转化为对对方的期待时，往往能有意想不到的效果。

——有时候，唾沫足以淹死一个人

第十二

中伤卷

为什么有些话明明是夸奖却很危险?
为什么自证无法完全还自己清白?
有人在背后捅刀子,怎么办才好?

世界上最容易控制的是嘴,最难控制的也是嘴,不用口舌伤人,但也要小心招口舌之祸。

一句谗言可抵千军万马

原文

天下之至毒莫过于谗。谗犹利器,一言之巧,犹胜万马千军。谗者,小人之故伎。口变淄素,权移马鹿。逞口舌之利剑,毁万世之基业。

译文

天底下最阴毒的手段莫过于进谗言。谗言就犹如锋利的兵刃一般,一句谗言就可能胜过千军万马。进谗言是小人常用的手段,他们光凭一张嘴就可以颠倒黑白、玩弄权势、指鹿为马,以口舌作为利刃,就可以将国家的万世基业毁于一旦。

古事记

战神白起之死

战国末年,秦国国力强盛,秦昭王一心想要扩张领土,统一天下。以善用兵闻名的白起为秦国立下赫赫战功,尤其在长平之战中,他更是用兵如神,重挫赵军,是不折不扣的秦国战神。

长平之战后,白起本想乘胜歼灭赵国,但这时韩、赵两国命苏代携重金贿赂秦相范雎,并挑拨说:"一旦赵国灭亡,秦王便可称帝,到那时白起势必也会受封成为三公之一,难道您就甘愿屈居一介武将之下吗?如果您不愿意,就一定要设法阻止白起灭赵立功。为表诚意,赵国和韩国均愿割地求和。"范雎本就忌惮白起,一听这话更是焦虑难耐,于是很快就以"军队久战疲惫,需要休整"为由劝阻秦昭王继续追击。秦昭王接受了他的建议,收了韩、赵两国的割地,下令停兵休整。

又过了几个月,秦昭王再次决定发兵征伐赵国,不巧白起当时正好患病在床,无法领军,秦王只好派遣王陵带兵出征邯郸。只可惜在此后的几次交战中,秦军屡屡兵败,伤亡惨重。于是,白起力劝秦王不再进攻邯郸,可是他的苦心劝谏却始终不被采纳。后来,眼看前线形势不好,秦王越发焦虑恼火,便强命白起带病上路。孰料此时,范雎又一次向秦王进谗言,谴责白起心有不服,耽误战事。秦王一怒之下竟然下令让白起自刎谢罪。彼时白起已行军至杜邮,他接到王命后举剑长叹了一声"因果报应",领命自刎而亡。一代战神就此陨落。

微鉴评

战神白起,他的人生本应有无数闪耀可能:或骁勇奋战直至战死沙场,马革裹尸还;或凯旋班师,荣归故里,享受钟鸣鼎食,万人敬仰。谁知偏是这种令人扼腕的下场——死于同僚谗言诋毁。这不仅是白起个人的悲剧,更是整个国家,乃至时代的悲哀。更令人心寒的是,历史上诸如此类的事例并不少见,多少英雄豪杰,因遭人嫉妒或陷害而陷入无尽的谗言旋涡,最终走向惨痛的结局。

由此可见，谗言的力量之大，足以摧毁一个人的名誉、事业乃至生命。我们不仅要防范敌人的明枪，更要小心那些藏在暗处、叫人难以防备的暗箭。我们要时刻保持警惕，谨言慎行，避免被小人抓到漏洞借题发挥，同时用智慧和勇气去抵御那些来自谗言的无形威胁。

遭遇他人诬陷时主动出击

当遭遇他人诬陷时，应该怎么办？

在遭遇诬陷时，很多人下意识地会为自己做辩解，事实上这样的辩解未必有效，还容易被对方牵着鼻子走，掉入自证陷阱。当然，沉默以对、听之任之也不是好办法，可能会让对方得寸进尺。你可以这样做：

◎ **寻找对方的言论漏洞，用他的矛攻他的盾。**遭遇污蔑时，通过自证清白来澄清会让我们陷入被动。与其如此，不如主动出击，攻击对方的言论漏洞，反过来让对方自证言论，这样才有可能把握主动权。

◎ **充分学习法律知识，必要时拿起法律武器保护自己。**我国法律相关条目对造谣、诽谤及侮辱行为均有详尽且明确的法律界定与处罚规定。当面临类似情形时，务必掌握好相应证据，拿起法律武器维护自身权益。

千防难防捧杀局

原文

或诬之以虚,加之以实,置其于不义;或构之以实,诱之以过,陷其于不忠。宜乎不着痕迹,欲抑而先扬,似褒而实贬。

译文

有的人用虚假的事情诬陷他人,栽赃嫁祸对方,使对方陷入不义的境地;有的人则喜欢捏造事实坑害他人,诱导对方犯下过错,使对方落得不忠的下场。应该不露痕迹,想抑制对方就先抬举对方,看似褒奖对方实则贬反对方。

古事记

卢杞设计捧杀颜真卿

唐德宗时期,卢杞靠伪装和迎合圣意逐渐取得了德宗皇帝的青睐和信任,从此平步青云,一步步走到了宰相之高位。然而,自从他当上了宰相之后,一片巨大的阴霾便笼罩住了大唐江山,朝廷与百姓的悲剧也就此拉开了序幕。

原来,卢杞虽出身名门,父辈皆为国家栋梁,但他本人却是个不折不扣的奸邪狡诈之辈。一旦身居高位,便原形毕露,开始肆意践踏朝纲,欺压百姓。又因其嫉贤妒能,一朝大权在握,便开始搅弄风云,铲除异己。他先是针对同为宰相的杨炎,屡次向唐德宗进谗,使其被贬,最终客死异乡;接着他又把屠刀指向了正直刚烈的颜真卿。

彼时,颜真卿威望颇高,卢杞一时无法谗害,便只能另想招数。恰好那时淮西节度使李希烈反叛,卢杞就对唐德宗说:"李希烈年纪尚浅,自视过高才会轻视朝廷,皇上不如派一位德高望重的大臣去谈判,相信我们必定能兵不血刃地平定祸乱。"唐德宗闻言问道:"那谁去比较合适呢?"卢杞装作沉吟了一会才道:"颜真卿的声望颇高,又是三朝旧臣,想来没有人比他更合适了。"唐德宗听完很是认可,就命颜真卿前去招抚李希烈。

颜真卿当时已经年过古稀,他心知此次招抚是卢杞故意坑害,自己只怕有去无回,但毕竟君令在上,他不愿违抗旨令,只能毅然奔赴淮西而去。最终,颜真卿惨遭李希烈杀害。

微鉴评

永远不要小瞧那些笑面虎,他们比十恶不赦的坏人更可怕,因为他们会用自己温和的神态、可掬的笑容、体贴的话语来瓦解你的防备心,然后再一点一点诱你掉入陷阱,等到你幡然醒悟时,却为时已晚,徒留悔恨。

同样的,捧杀比谣言中伤更可怕,它就如同一个带毒的蜜罐,足以将人溺毙于蜜糖之中。捧杀计往往是隐蔽的,敌人或当面夸赞,或暗中抬举,让人防不胜防。因此,当遇到脸上常常堆满笑容的人时,不要急于结交,要仔细考察对方的人品,以免掉进敌人刻意构建的蜜罐中;当听到别人的夸奖时,也不要高兴得太早,被捧得越高,越要谨慎,谨防落入捧杀局。

智慧解码

保持清醒认知,避免遭遇捧杀

遭遇捧杀时,如何应对?

捧杀作为一种隐蔽且危险的攻击手段,往往伴随着过度的赞美和吹捧,这就要求我们经常进行反思,对自己有一个清醒的认知。同时,坚持独立思考和判断,不过度依赖他人的评价。只有这样,当遭遇捧杀时,才能及时识别,并做出反应。当捧杀真的出现在眼前时,你可以这样做:

保持谦逊谨慎的态度进行回应。先对对方的认可表示感谢,然后尝试转移焦点,强调团队和领导的重要性,将荣耀归功于团队和领导,避免让自己成为众矢之的。

保持敬而远之的态度。与那些喜欢捧杀的人维持安全的社交距离,以免后续不经意间落入他们的语言陷阱。

小心被谗言蒙蔽

原文

随口毁誉,浮石沈木。奸邪相抑,以直为曲。故人主之患在于信谗,信谗则制于人,宜明察之。

译文

信口进行诋毁或者赞誉,就好像说石头可以漂浮于水面之上,木头可以沉于水底。奸佞之人相互压制,颠倒曲直。因此身为君主最忌讳的是轻信谗言,一旦轻信谗言就会被别人牵着鼻子走,所以要学会鉴别它。

古事记

宋神宗不信谗言

宋代文豪苏轼曾作《咏桧》一诗,诗中有两联写道"根到九泉无曲处,世间惟有蛰龙知"。谁知,这两联却被同僚王珪恶意曲解成心存歹念、意图谋反,还被上报给了宋神宗。

好在宋神宗并没有急着下决断,而是耐心地问道:"朕向来厚待苏轼,并不相信他心存反意,不知道爱卿揭发他意图谋反的根据是什么呢？"王珪答道："陛下您是真龙天子，可那苏轼却在诗中写道'根到九泉无曲处，世间惟有蛰龙知'，这种将地底的蛰龙视为知己的行为难道不是对您的大不敬吗？"王珪本以为宋神宗会勃然大怒，却不想宋神宗又仔细品读了一番，然后朗声说道："这首诗写得极为形象，深得朕心。一则，在吟诗作对时运用讽喻，于情于理并无不妥；二则，诗人写诗与朕有什么关系呢？你由此就来朕面前搬弄是非实在太过牵强！"

微鉴评

仅凭一句诗，王珪竟能凭空捏造，无端诬陷苏轼对宋神宗大不敬。如此行径，实在是不可思议。所幸的是，宋神宗英明神武，慧眼如炬，一眼便识破了王珪的奸诈诬陷，并对他进行了严厉的斥责，这才使得苏轼幸免于难，逃过了这场无妄之灾。

在生活中，像这样随口诬陷他人的事情并不少见。因此，我们必须时刻保持清醒的头脑，加强甄别谗言的能力，避免因为错信谗言而误会他人。要知道，人的好坏并非凭肉眼所见或耳朵所闻就能判断，而需要用心去感受、去甄别。这既是对别人的保护，也是对自己的保护。

智慧解码

用360度评估图判断对方是否值得信任

如何评估一个人是否值得信任？

避免被谗言蒙蔽很关键的一点就是，远离奸佞之人，与值得信赖的人交往。因此，评估一个人是否值得信任就显得格外重要。对于一些不熟悉的人，可以借助360度评估图，围绕对方的社交关系从以下几点对其展开评估（图12-1）。

图 12-1　360 度评估图

◎ **品德是否有瑕疵**。道德品质是衡量一个人是否值得信任的重要标准。品德高尚的人的可信度远高于那些道德底线低下的人。生活中，我们可以通过听取其对待社会时事的态度反应，来初步了解他的道德水平。

◎ **过往是否有不良行为**。过往经历能反映一个人的性格和行为习惯。虽然有"浪子回头"的说法，但过往的不良行为仍在一定程度上意味着风险。生活中，我们可以通过了解其过去的交友、工作和学习情况，来初步判断他是否值得信赖。

◎ **言行是否一致**。言行一致的人通常不会做出口是心非，或者两面三刀的事情，这样的人通常更值得信赖。生活中，我们可以通过观察他在不同场合下的表现看其是否言行一致，进而判断其可信度。

进谗是把双刃剑

原文

然此事虽君子亦不免也。苟存江山社稷于心,而行小人之事,可乎?小人之智,亦可谋国。尽忠事上,虽谗犹可。然君子行小人之事,亦近小人,宜慎之。

译文

然而,纵使是正人君子,也不可避免会做出进谗的事情。假设有人一心为了匡扶江山社稷,却做出小人的行径,可以吗?小人的谋略也可以用来为国家谋划。为了向上级尽忠而进谗言也可以被理解、体谅。但不管怎么说,君子做出小人的举动不免有趋近小人的嫌疑,应当慎重。

古事记

张仪中伤陈轸

战国时期,同为纵横家的张仪和陈轸曾共同为秦惠文王谋事。两人的才华与能力不相上下,都深受秦惠文王赏识和重用。张仪却将陈轸视为眼中钉,想方设法谗害他。

这日，张仪向秦惠文王进言说："陈轸时常出使楚国，备受楚王礼遇。如今他一边享受着秦国的俸禄，一边却还盘算着投靠楚国，真是可耻。臣实在不愿与这种人同朝为官，就请王上您罢免我吧！"这番恶意中伤一下子就勾起了秦惠文王对陈轸的疑心，于是秦惠文王把陈轸召进宫，打算旁敲侧击一番。陈轸听了王上的试探很快就反应过来，猜到一定是张仪在背后挑拨。但他也并不慌张，只是心平气和地为王上讲了一则寓言故事，暗指身为秦国臣子如若有意投靠他国，也一定会因为曾经的不忠而招致怀疑，很难再被他国接受，以此来阐明自己的立场。秦惠文王见陈轸神色坦荡，且所做的辩解理由也无懈可击，当下就不好再多说什么。

然而，这次危机虽解除了，但张仪的多次中伤终究在秦惠文王心里埋下了怀疑的种子。秦惠文王越来越疏远陈轸，而倚重张仪。最终，陈轸不得不从秦国离开，前去投奔楚国。

微鉴评

历史上关于张仪的评价向来众说纷纭。有人夸他天下英才，精通纵横之术，善于游说诸侯；也有人谴责他阴险狡诈，诡计多端。不过不可否认的是，在他的才能得到世人广泛认可的同时，他恶意诋毁陈轸的行为也成为其难以磨灭的一大污点。

正如尼采所说："当你凝视深渊时，深渊也在凝视着你。"在黑暗中行走，终归不是良计，更非长久之计。即使进谗诋毁取得了暂时性的胜利，打击了对手，但这些恶语所带来的恶果，未来必定也会以其他形式反噬自身。

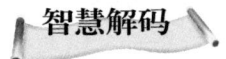

利用沟通表达公式，不喜欢的人也可以共事

如何与不喜欢的人共事？

现实生活中，每个人都会接触到与自己三观理念不合的人。在与之共事的情况下，我们应当保持"对事不对人"的态度，可以参考这样的表达公式来进行沟通（图12-2）。

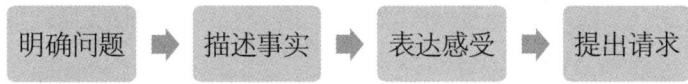

图12-2 沟通表达公式

◎ **明确问题**。客观、清晰地提出要讨论的问题，确保双方都明白问题的焦点，避免误解和混淆。

◎ **描述事实**。用客观、中立的语气和态度描述相关事实或情况，为接下来的讨论提供基础，减少主观判断或偏见的影响。

◎ **表达感受**。在描述事实之后，可以适当地表达自己对这种情况的感受，让对方了解你的立场和需求。但注意避免评判或指责，不可情绪化。

◎ **提出请求**。明确地提出切实相关且具体可行的请求或目标，让对方知道你的期望，以及他们如何能够帮助你解决问题。

不要把情绪和个人偏见带到人际交往中，这样不仅有助于构建和谐的人际关系，还可以大大提升沟通效率。

附录

《权谋残卷》原文

智察卷　第一

月晕而风,础润而雨,人事虽殊,其理一也。惟善察者能见微知著。

不察,何以烛情照奸?察,然后知真伪,辨虚实。夫察而后明,明而断之、伐之,事方可图。察之不明,举之不显。

(此处缺36字)听其言而观其行,观其色而究其实。

察者智,不察者迷。明察,进可以全国,退可以保身。君子宜惕然。

察不明则奸佞生,奸佞生则贤人去,贤人去则国不举,国不举,必殆,殆则危矣。

筹谋卷　第二

君子谋国,而小人谋身。谋国者,先忧天下;谋己者,先利自身。盖智者所图者远,所谋者深。惟其深远,方能顺天应人。

守之伐之,不如以德伏之。(此处残缺)宜远图而近取。见先机,善筹划。

(此处缺22字)圣王之举事,考之于蓍龟,不如谛之于谋虑;炫之以武,不如伐之以义。

察而后谋,谋而后动,深思远虑,计无不中。故为其诤,不如为其谋;为其死,不如助其生。羽翼既丰,何虑不翱翔千里。

(此处残缺)察人性,顺人情,然后可趋,其必有谐。

所谋在势,势之变也,我强则敌弱,敌弱则我强。倾举国之兵而伐之，不如令其自伐。

勇者搏之，不如智者谋之。以力取之，不如以计图之。攻而伐之，不如晓之以理，动之以情，诱之以利；或雷霆万钧，令人闻风丧胆，而后图之。

（此处残缺）实以虚之，虚以实之，以其昏昏，独我昭昭。

人皆知金帛为贵，而不知更有远甚于金帛者。谋之不深，而行之不远。人取小，我取大；人视近，我视远。未雨绸缪，智者所为也。

用人卷　第三

为政之道，在于辨善恶，明赏罚。倘法明而令审，不卜而吉；劳养功贵，不祝而福。

贤者立而国兴；小人立而邦危。有国者宜详审之。故小人宜务去；而君子宜务进。

大德容下，大道容众。盖趋利而避害，此人心之常也，宜恕以安人心。故与其为渊驱鱼，不如施之以德，市之以恩。

（此处缺18字）而诱之以赏，策之以罚，感之以恩。取大节，宥小过，而士无不肯用命矣。

赏不患寡而患不公，罚不患严而患不平。赏以兴德，罚以禁奸。使下畏罚而利赏，下也；好德而思进，上也。天下无不可用之材，唯在于所用。

事上卷　第四

事上宜以诚，诚则无隙，故宁忤而不欺。不以小过而损大节,忠也,智也。

（此处缺20字）不欺上,亦不辱君,勉主以体恤,谕主以长策,不使主超然立乎显荣之外,天下称孝焉。荣辱与共,进退以俱,上下一心,事方可济。骄上欺下,岂可久长？

攻城易,攻心难。故示之以礼,树之以威,上也。（此处残缺）上怨报之以德,上毁报之以誉,上疑报之以诚。隙嫌不生,自无虞。事君以忠,不涓细流。待人以诚,不留小隙。

为上计,不以小惠,而以长策。小惠人人可为,长策非贤者不能为之。故事之以谀,不如进之以忠。助之喜,不如为之忧。

思上之所思,而虑其无所思；为君谋利,不如为君求安。思之深,而虑之远。锦上添花,不如雪中送炭。

（此后残缺）

避祸卷　第五

廓然怀天下之志,而宜韬之以晦。牙坚而先失,舌柔而后存。柔克刚,而弱胜强。人心有所叵测,知人机者,危矣。故知微者宜善藏之。（此处残缺）考祸福之原,察盛衰之始,防事之未萌,避难于无形,此为上智。祸之于人,避之而不及。惟智者可以识其兆,以其昭昭,而示人昏昏,然后可以全身。

君臣各安其位,上下各守其分。居安思危,临渊止步。故易曰潜龙勿用,而亢龙有悔。夫利器者,人所欲取。故身怀利器者危。宜示之以无而去其疑,方无咎。不矜才,不伐功,不忘本。为人以谦,为政以和,守其常也。（此处缺30字）有隙则明示之,令其逸不得入；大用而谕之小用,令其毁无以生。

不折大节，不弃小惠。进退有据，循天理而存人情，此所以为全身之术也。（此处缺17字）必欲图之，勿以小惠，以大德；不以图近，而谋远。

恃于人者不如自恃。自恃者寿，自足者福。顺天应人，故常在。（此处缺37字）自爱者重。危房不可近，危邦不可入。明珠必待识者，宝剑只酬壮士。以贤臣而事昏主，危矣。故明主则谏，昏君则去。不去而隐于朝，宜也。知其雄，守其雌。事不可为而身退，此为明哲保身之道也。

度势卷　第六

势者，适也。适之则生，逆之则危；得之则强，失之则弱。事有缓急，急不宜缓，缓不宜急。因时度势，各得所安。

避其锐，解其纷；寻其隙，乘其弊，不劳而天下定。（此处残缺）

势可乘，亦可造。致虚守静，因势利导。敌不知我而我知敌，或守如处子，或动如脱兔。善度势者乘敌之隙，不善度势者示敌以隙。知其心，度其情，察其微，则见其势矣。

（此处缺16字）观其变而待其势，知其雄而守其雌，疲之扰之，然后可图。

势可乘乎？势不可乘乎？智者睹未明，况已著乎，唯在断矣。智无识不立，无胆不行。

为谋，所重者胆，所贵者智；胆智兼备，势则可为。（此处缺31字）

见宜远而识宜大，谋宜深而胆宜壮。军无威无以立，令无罚无以行。威慑之，智取之，胆胜之，则何敌不克，何坚不攻？正胜邪，直胜曲。浩然正气，而奸佞折。

攻心卷　第七

城可摧而心不可折，帅可取而志不可夺。所难者惟在一心。攻其心，折其志，不战而屈之，谋之上也。

攻心者，晓之以理，动之以情，示之以义，服之以威。（此处缺21字）君子好德，小人好利。辨以羞之，耻之，驱之于德。

移花接木，假凤虚凰，谋略之道，唯在一心。乱其志，折其锋，不战自胜。治不以暴而以道，胜不以勇而以仁。故彼以暴，我以道；彼以勇，我以仁；然后胜负之数分矣。

攻心之术多矣。如武穆用兵，在乎一心。乱之扰之，激之困之，俟之以变，然后图之。欲得之，先弃之；欲扬之，先抑之。畏之危之，其心必折，计然后可用。

虚予而实取之。示之以害，其必为我所用。欲得其心，莫若投其所好。君喜则我喜，君憎则我憎，我与君同心，则君不为我异。

权奇卷　第八

善察者明，慎思者智。诱之以计，待之以隙。不治狱而明判，不用兵而夺城，非智者谁为？夫欲行一事，辄以他事掩之，不使疑生，不使衅兴。此即明修栈道，暗度陈仓。

事有不可拒者，勿拒。拖之缓之，消其势也，而后徐图。（此处残缺）

假神鬼以立威，而人莫辨真伪。伪称天命，其徒必广。将计就计，就势骑驴，诡之异之，以伏其心。此消彼涨，此涨彼消，其理一也，不诡于敌而诡于已，已之气盛，敌气必衰。

意欲取之，必先纵之，意欲除之，必先骄之，然后乘其势矣。（此处缺二十六字）敌强则弱之，敌实则虚之。弱之虚之，不我害也。

偷梁换柱，移花接木。妙手空空，弥祸患于无形。釜底抽薪，上楼撤梯，虽曰巧智，岂无大谋？

人构我，我亦构人。以彼之道，还施彼身。反客为主，后发制人。（此处缺十七字）必欲使人为某事，威逼之，刑罚之，利诱之。由远及近，从小至大，循序渐进，然后可用。

谬数卷　第九

知其诡而不察，察而不示，导之以谬。攻子之盾，必持子之矛也。

智无常法，因时因势而已。即以其智，还伐其智；即以其谋，还制其谋。

间者隙也，有间则隙生。以子之伎，反施于子，拨草寻蛇，顺手牵羊。

（此处缺16字）彼阴察之，我明示之。敌之耳目，为我喉舌。借彼之口，扬我之威。（此后残缺）

机变卷　第十

身之存亡，系于一旦；国之安危，决于一夕。唯智者见微知著,临机而断。因势而起,待机而变。机不由我而变在我。故智无常局,唯在一心而已。

机者变也。惟知机者善变。变则安,不变则危。(此处缺32字)

物必先腐而蠹生,事必有隙而谗起。察其由,辨其伪,除其隙,谗自止矣。(此处缺14字)

知机者明,善断者智。势可度而机可恃,然后计可行矣。处变不惊,临危不乱。见机行事,以计取之,此大将之风也。将错就错,以讹传讹,移花接木,巧取豪夺。敌快我慢,以智缓之;敌强我弱,以计疲之。釜底抽薪,此消彼长。敌缓则我速,敌弱则我强。此亦机变也。

危在我,而施于人。故我危则人危,人不欲危,则必出我于厄难。(此后残缺)

讽谏卷　第十一

讽,所以言不可言之言,谏不可谏之谏。谏不可拂其意,而宜恤其情。谏人者宜为人谋,不为己虑。

或激之勉之,以达其意。或讽之喻之,以示其谬。进而推之,以证其不可行也。谏不宜急而宜缓,言不宜直而宜曲。

嬉笑之中蕴乎理,诙谐之中寓乎道。见君之过失而不谏,是轻君之危亡也。夫轻君之危亡者,忠臣不忍为也。

中伤卷　第十二

天下之至毒莫过于谗。谗犹利器,一言之巧,犹胜万马千军。（此处缺14字）谗者，小人之故伎。口变淄素，权移马鹿。逞口舌之利剑，毁万世之基业。

（此处缺26字）或诬之以虚，加之以实，置其于不义；或构之以实，诱之以过，陷其于不忠。宜乎不着痕迹，欲抑而先扬，似褒而实贬。

随口毁誉，浮石沈木。奸邪相抑，以直为曲。故人主之患在于信谗，信谗则制于人，宜明察之。然此事虽君子亦不免也。苟存江山社稷于心，而行小人之事，可乎？小人之智，亦可谋国。尽忠事上，虽谗犹可。然君子行小人之事，亦近小人，宜慎之。

美色卷　第十三

乱德则贤人去，失政而小人兴。国则殆矣。美色置于前而心不动者，情必矫也。然好色不如尊贤。近色而远贤臣，智者所不为也。孰谓妇人柔弱？一颦一笑，犹胜百万甲兵。（此处缺13字）

智者借色伐人，愚者以色伐己。（此处缺18字）色必有宠，宠必进谗，谗进必危国。然天下之失，非由美色，实由美色之好也。（此处缺23字）借美以藏其奸，市色而成其谋，千载之下，绵绵不绝。人主宜详审之。

圣贤事业，非大志者何为？故色贤之分，知其所取舍。是以齐桓晋文，犹为霸主；汉武唐宗，不失明君。

02 金句摘抄页

> 听其言而观其行,观其色而究其实。
> ——张居正

感悟记录页

03

04 | 金句摘抄页

守之伐之,不如以德伏之。

——张居正

感悟记录页

05

06 | 金句摘抄页

察而后谋，谋而后动，深思远虑，计无不中。
——张居正

感悟记录页 | 07

08 | 金句摘抄页

> 勇者搏之,不如智者谋之。以力取之,不如以计图之。
> ——张居正

感悟记录页

09

10 金句摘抄页

> 攻而伐之，不如晓之以理，动之以情，诱之以利。
> ——张居正

感悟记录页

11

12 | 金句摘抄页

实以虚之,虚以实之,以其昏昏,独我昭昭。

——张居正

 感悟记录页

13

14 | 金句摘抄页

赏不患寡而患不公,
罚不患严而患不平。
——张居正

感悟记录页

15

天下无不可用之材，唯在于所用。

——张居正

 感悟记录页 | 17

金句摘抄页

攻城易,攻心难。故示之以礼,树之以威,上也。

——张居正

金句摘抄页

廓然怀天下之志，而宜韬之以晦。

牙坚而先失，舌柔而后存。

柔克刚，而弱胜强。

——张居正

感悟记录页

金句摘抄页

不矜才,不伐功,不忘本。为人以谦,为政以和,守其常也。

——张居正

 感悟记录页

24 金句摘抄页

必欲图之,勿以小惠,以大德;不以图近,而谋远。

——张居正

 感悟记录页

26 金句摘抄页

> 势者，适也。适之则生，逆之则危；得之则强，失之则弱。
>
> ——张居正

感悟记录页

28 | 金句摘抄页

> 势可乘，亦可造。致虚守静，因势利导。
>
> ——张居正

感悟记录页

 金句摘抄页

城可摧而心不可折,
帅可取而志不可夺。

——张居正

感悟记录页

攻心者，晓之以理，动之以情，示之以义，服之以威。

——张居正

感悟记录页

 金句摘抄页

> 事有不可拒者,勿拒。拖之缓之,消其势也,而后徐图。
> ——张居正

意欲取之，必先纵之，
意欲除之，必先骄之，然后乘其势矣。
——张居正

金句摘抄页

物必先腐而蠹生，事必有隙而谗起。察其由，辨其伪，除其隙，谗自止矣。

——张居正

39

40 | 金句摘抄页

感悟记录页

42 | 金句摘抄页

感悟记录页

44 | 金句摘抄页

45

46 | 金句摘抄页

 感悟记录页

48 | 金句摘抄页

感悟记录页

50 | 金句摘抄页

 感悟记录页 | 51

52 | 金句摘抄页

感悟记录页

54 | 金句摘抄页

 | 55

56 | 金句摘抄页

 感悟记录页

58 | 金句摘抄页

感悟记录页

60 金句摘抄页

感悟记录页

62 | 金句摘抄页

感悟记录页

64 | 金句摘抄页